ルーン
リーディング

34の魔法のルーン文字を自在に使いこなす方法

藤森 緑
Midori Fujimori

説話社

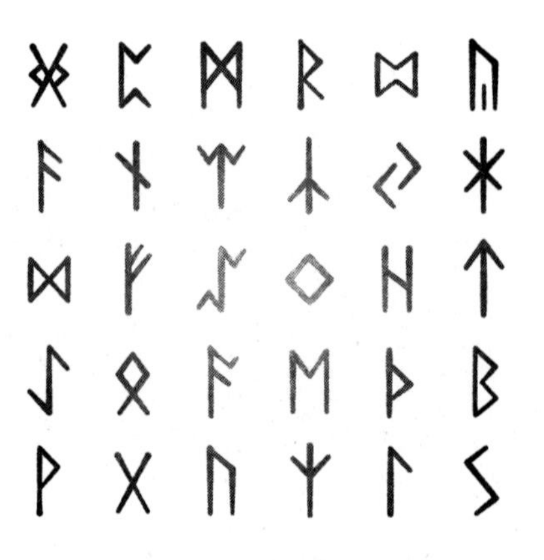

ルーン占いの書籍が
国内にほとんどなかった2000年代。
2006年出版『ルーン・リーディング』を足がかりに、
世間にルーン占いが広がった。
そんな過去に感謝しつつ、
ここにその増補改訂復刻版を贈ります――

増補改訂復刻版について

今から約18年前の2006年、他の出版社から、この本の元となる『ルーン・リーディング』を出版させていただいた。その当時、国内に存在していたルーン占いの本は大変少なく、ルーン占いの世間からの認知度は、非常に低いものだった。当初、「ルーン占いの本を出したい」という要望を出版社側に伝えると、このようなご意見をいただいたのである。「タロットカードはそのイラストやデザインの美しさ、複雑さにより多くの人の関心を掻(か)き立てることができる。しかし、ルーン文字を見てご覧(らん)。文字の形がシンプルすぎて、面白くないだろう。人目を引くようなデザインではないから需要がなく、本を出しても売れないのだよ」……と。しかし結局その願望を諦(あきら)めることなく、その後に再度のお願いをして、『ルーン・リーディング』の出版にこぎつけることができたのだった。

その後もここまで多くの占術本を出版させていただいたが、その中でも『ルーン・リーディング』は筆者にとって満足度の高い、お気に入りの1冊となっている。何度も重版がかかり、この本を足がかりにして次々と多くのルーン占いの本が出版され、世間へのルーン文字の認知度が高まっていったと自負している。そうしたことも含め、既に廃業された『ルーン・リーディング』を出してくださった出版社には、生涯を通して感謝の気持ちを抱え続ける所存である。

増補改訂復刻版にて大幅に加筆するのは、主にルーン文字の歴史とルーン魔術の項目、そしてルーン文字の歴史終盤に新たに加えられたとされる、アングロ＝サクソン型フサルクの25番から33番目の9つのルーン文字の説明である。2006年の出版当初に比べると信じられないほど、現在はルーン文字に関する良質な資料が増えた。そうした恩恵を受けて、それ以外の随所(ずいしょ)にも加筆・修正していく。既に『ルーン・リーディング』をお持ちの方にとっても、損をしていないと感じる書籍になることを望んでいる。しかし当時の雰囲気を残すべく、「はじめに」や「あとがき」、そして本書の要(かなめ)と思われる25個のルーンの解説等については、大筋をそのまま残しておく次第である。

ルーン占いに関する書籍の執筆は、これが最後かもしれない……そうした心づもりで、重要な知識や情報をできるだけ盛り込みつつ、この増補改訂復刻版を完成させる所存である。

2024年1月9日　　藤森　緑

はじめに（2006年初版）

この本を手にした占い好きのあなたであれば、「ルーン」という言葉は何度か耳にしたことがあるかもしれない。それでも一体「ルーン」というものが何であるかということには、漠然としたイメージしか思い浮べることができない人が、まだまだ大半なのではないだろうか。

ルーン占いとは、タロット占いや易占い、トランプ占い、占星術のホラリーなどと同様に、偶然出てきた答えに何か目に見えないものからのメッセージが含まれていると捉えて、その偶然性を利用して占う、卜(ぼく)術にあたる占術である。

後述する歴史のページに目を通していただければ分かるように、ルーン文字は魔力を持つ文字として発明されてから、既に二千年近くの古い歴史を持っている。それでもこの21世紀の現在、それに比べれば歴史の浅いタロット占いが、卜術の中では世間を席巻(せっけん)しているようだ。逆にルーン占いは、占い好きな人達の中でも認知度が低く、専門の書物も非常に少ないのが現状である。占い方にも共通項の多いルーン占いとタロット占いであるが、その人気の差は、どこから出ているのだろうか？

まずはタロットカードの華麗な図柄に比べれば、ルーンは基本的に絵柄が伴わず、シンプルな直線を2〜3本組み合わせた文字であるため、華やかな魅力を感じられない、という点が一番の原因として考えられる。タロットは占いの初心者であっても、様々な絵柄からイマジネーションが豊かに広がり、心を躍らせるものだ。反面、その文字の背景をしっかりとつかんでおかない限りは、ただ数本の線で刻まれただけの殺風景なルーン文字を見つめているだけでは、初心者にとってはイマジネーションの広がりには限界があるだろう。タロット占いでさえ、多様な言葉が浮かばずにすぐにリーディングを終了してしまう、というタイプの人は、このルーン占いではさらに言葉が浮かばず、ほんの数秒でリーディングが完了……ということも考えられる。ただし、ルーン占いの性質上、それはそれで良いのである。タロット占いと比べれば、シンプルである点がこのルーン占いの長所といっていいのだ。逆にタロットカードの意味と占い方法の難解さに頭を痛め、占いから遠ざかっているあなたであるなら、このルーン占いのシンプルさには助けられるかもしれない。

筆者は最近では、実はタロット占いよりもルーン占いのお世話になることが多い。ルーン占いの魅力は何といっても、思いついたときに短時間で気軽に占えることにある。タロットであれば、まずケースからカードの中身を取り出し、テーブルの上にクロスを敷（し）くなどして場を清潔にし、カードを丁寧にシャッフルし……という一連の手間がかかるが、ルーン占いは、既に25個のルーンの石が入っている袋の中に片手を突っ込み、質問の内容を念じてかき混ぜてから、1枚引くだけで良いのである。ルーンが入った袋はいつも仕事場の傍（かたわ）らに置いてあり、何か迷ったことが生じる度に、ついつい気軽に引いてしまう。小さなサイズのルーンであれば、普段からバッグの中に入れて、何かに迷ったときに占う……ということも可能だろう。

といっても筆者は決して優柔不断なタイプではなく、大きな決断であるほど自分自身で短時間で下せるタイプなのだが、割りとどうでもいいといえばどうでもいい、小さなことでは迷うことが多い。例えば「今日の外食はファミレスがいいか、居酒屋がいいか？」「このメール鑑定の結果内容で、依頼者は納得してくれるだろうか？」など、自分でも改めなければいけない点であるとは思いつつも、少しでも迷いや不安を感じると、つい手元にあるルーンの袋の中に手を入れてしまう。

しかしそこまで頼りにするというのは、それほどまでにこのルーンが、常に的確な回答を導いてくれるからである。例えば仕上がった原稿を送る前に、「この内容で送って大丈夫だろうか？」と1枚のルーンを引く。するとそこには「ニイド」のルーンが現れ、何かが欠けているため立ち止まった方が良い、ということを告げてくれる。そこで再度原稿の見直しをすると、一箇所の誤字を発見し、修正する。そして再度「これで大丈夫か？」と念じてルーンを引くと、「ラド」のGOサインが現れるのである。そんなあまりにも決め細やかな的中振りに、ときには驚愕してしまうことすらあるのである。

日本でも『ルーン・タロット』(魔女の家BOOKS) などルーン占いの本が翻訳されるなどして数冊出版されているが、残念ながらその認知度の低さゆえに売れ行きはかんばしくなく、絶版に追い込まれることが多いようだ。そんな中でも、普段から仕事面、プライベート面共にルーン占いに慣れ親しんでいる筆者としては、ルーン占いの魅力を伝えられるようなルーンの本を、1冊でも世に残しておきたい、という願望を長いこと抱えていた。

ルーンの認知度の低さからして、爆発的に売れることはまずないだろう、と覚悟した上での出版である。それでも、例え少人数であったとしても、この本を手にしたあなたがルーン文字の魅力に少しでも触れ、さらにルーン占いの腕前に磨きをかけていただけるのであれば、筆者として嬉しいことはない。

そして神聖なるルーン文字を通して、見えない世界とのコミュニケーションを深めていったとしたら、あなたの人生はさらに豊かなものになっていくだろう。

2006年　夏　　藤森　緑

Contents

第4章 ルーン魔術……257

第 I 章

ルーン文字の誕生

ルーン文字と歴史

ただ純粋に、「ルーン占いを楽しめればいい」という人にとっては、ルーン文字の由来や歴史については、全く興味がないかもしれない。そんな場合は無理にこの項目を読まなくても、飛ばして先に占いの項目に進んでしまって問題はないだろう。ただし単純な線が引かれただけに見えるルーン文字でも、過去から積み重ねてきたその長い長い生い立ちを知っておくと、その単純な形にも深い愛着が湧いてくるものである。読み飛ばしたい場合は、まずはある程度ルーン占いに馴染(なじ)み親しんでから、気が向いたときにこの項目をじっくりと読んでいただければと思う。

呪術や占いに使われたルーン文字

ルーン文字とは、主に古代北欧で使用されていた文字である。詳細は後述するが、ルーン文字のアルファベットは初期に24文字だったものが、その後地域によって16文字に減少したり、最大33文字にまで増えたりした、という激しい変動の経緯がある。

「ルーン（Rune）」の語源を探ると、古代北欧で使用されたゲルマン諸語では、「秘密」「神秘」「ささやき」という意味があった。「協議」「決議」という意味も含まれるが、それは「秘密をささやいて相談する」というイメージから、のちに派生した語意であるらしい。それが次第に、この言葉はルーンの文字を指すようになったようだ。古期英語でも「ルーン」は「秘密」「神秘」という意味を持ち、それがこのルーン文字に何か呪術的な力が宿っているからではないか、といわれている。

実際に、初期のルーン文字である24文字から成り立っている「エルダーフサルク」については、魔除けや願かけなどで呪術的に使用された形跡が、明確に残されている。例えば、初期のルーン銘文に残された文字に、「alu」「auja」「1aukaR」などの呪術的な単語が彫られているものが多く出現していることが、その大きな証拠となっている。これらの単語はひとつの媒体に単体で彫られることもあるが、多くは読み解きのできない謎めいた単語や一文の最後につけられ、言葉を締めくくる形が取られている。

このルーン文字が、古代北欧において占いで使われていた記録が残されている。古代ローマの歴史家タキトゥスが、西暦98年にゲルマン人の生活の様子を著した書物『ゲルマニア』の一場面である。この中の「神意の推知」という項目に、以下のような記述がある。

> *果樹から切り取られた若枝を小片に切り、ある種の印をつけて、これを無作為に、偶然にまかせて、白い布の上にバラバラと撒き散らす。ついで、もしこれが公の占いである場合はその邦のひとりの司祭が、私の行われるときは家長自身が、神に祈り、天を仰いで、一つまた一つと取り上げること三たびにして、取り上げられたものを、あらかじめそこにつけられた印にしたがって解釈するのである。*
>
> （タキトゥス著　泉井久之助訳『ゲルマーニア』岩波文庫より）

訳者の泉井氏は注釈に、この印はゲルマンの古文字であるルーン文字のことと思われる、と記載している。このようにルーン文字は登場した当初から、呪術的、占い的な力を持つ文字とされていたと推測できる。

ただし、発見されたルーン銘文の中で呪術色を帯びたものは、あくまでも全体の一部であった。ルーン文字は古代北欧に伝わっていた唯一の文字であり、結局のところ名札のようなものや木の板の書簡に使用されるなど、主に日常生活のために使われていたことが分かっている。

ルーン文字の特徴

筆記具がなく書くという技術を持たなかった古代北欧の人々は、文字を「彫る」ことで残し、人々に伝播した。鉄などの卑金属や金などの貴金属に彫られることも多かったが、最も多かったのは、庶民にとって身近な素材であった木片や動物の骨である。そこで特に木製の板に彫りやすいように、ルーン文字の形は工夫された。はじめから横線が多く入っている木の板には、その木の筋と見分けがつくようにと、横線と彫りにくい曲線は避けられた。その結果、縦の線と斜めの線だけで文字が構成されたのである。こうしてルーン文字は、一杯に伸びた縦線と、数本の短めの斜めの線でできているものがほとんどとなっている。

また、文字を並べる方向は、英文字と同じく左から右が基本であるが、自由度が高く右から左へと並べても良かった。数行を彫る場合は、まず左から右に彫り、行を変えて折り返し右から左に彫る……という牛耕式書法が使われた。折り返す際に、ときには反転ルーンと呼ばれる鏡文字が使われることもあった。それ以外にも、読む向きを変える場合は、文字を逆さまに彫る倒立型ルーンが使用された。

文字には、「表音文字」と「表意文字」がある。例えば、日本語でいえばひらがなやカタカナのような、ただ発音するためだけに存在するのは「表音文字」である。エジプトのヒエログリフのように、その文字自体に象徴する意味を持つものは「表意文字」である。ルーン文字はこの両方の役割を持つ、「表音文字でありながら、表意文字である」という点も、ひとつの特徴である。その文字が持つ意味が、占い上で使われるのである。

ルーンの神秘を深める「フサルク」

前述したように、ルーン文字の体系は、24文字から16文字へ、あるいは33文字へと、歴史を通してその数や組み合わせを変えていった。どの文字数のものであっても、はじめの6文字の順序は変更されていない。そのはじめの6文字の、「フェオ」「ウル」「ソーン」「アンスール」「ラド」「ケン」が持つ音である、F、U、TH、A、R、Kを組み合わせ、ルーン文字のひとつの体系のことを「フサルク」と呼んでいる。例えば初期の24文字の集合体は、「エルダーフサルク」もしくは「ゲルマン型フサルク」「旧フサルク」等と呼ばれる。そして中期から後期にかけてスカンジナビアで使用された16文字の組み合わせ数種は、まとめて「ヤンガーフサルク」「新フサルク」等と呼ばれている。イングランドとフリジアで使用された最大33文字の集合体は、「アングロ＝サクソン型フサルク」と呼ばれている。

ここで、アルファベットという言葉の由来を振り返ってみよう。アルファベットとは、すべての文字体系を総称する言葉であり、ルーン文字に使っても問題は無い。紀元前から使用されていた原シナイ文字やフェニキア文字、古代ギリシャ文字の羅列を見ると分かるように、どの文字も大半が、まず「牛の頭」を示すA（アレフ）、次に「家」を示すB（ベート）、という順になっている。ギリシア文字ではA（アルファ）とB（ベータ）であり、この頭文字2文字を使ってアルファベットと名づけられていることは、よく知られている。この流れを、その後に表れるラテン文字も踏襲（とうしゅう）している。

大半の文字がこの順序を持っているが、ルーン文字に限ってはそれと無関係であり、Fから始まり、次にUが来る……という、前例がない順序である。これはルーン文字がどのように発生したのかという起源説を混乱させる、ひとつの要因である。このこともルーン文字をいっそう謎めかせ、神秘性を高めているのだろう。

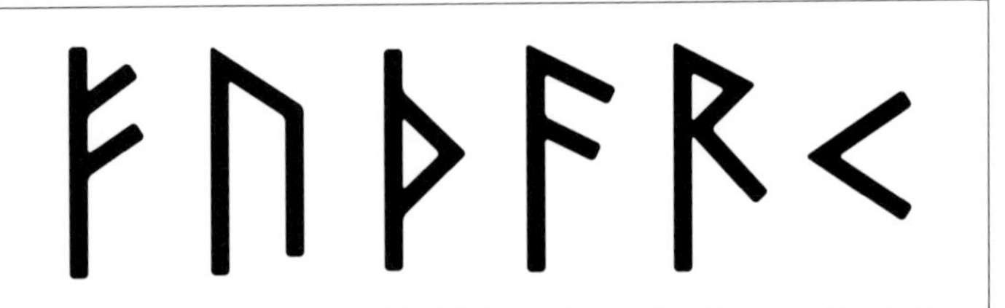

フサルク

ルーン文字の起源

　このように、ルーン文字の起源は現代になっても多くの謎に包まれている。ルーン文字が発明された場所に関しては様々な説があり、まだ明確には分かっていない。ローマ字と似ていることから、ローマ帝国の近くに住むゲルマン民族によって作成されたという説や、初期のルーン遺物が多く発見されている東ヨーロッパで生まれたという説がある。そうした中で研究が進んできた近年は、デンマークのユトランド半島南部を発祥の地とする説が有力となっているようだ。デンマークは、エルダーフサルクの銘文が多く出土している国でもある。

　ルーン文字の形は、どのように形成されたのだろうか。こちらも研究が進んだ近年では、ラテン文字、ギリシャ文字、北イタリア（エルトリア）文字のどれかを参考に作られたという説が有力となっている。それ以外にも、フェニキア文字がベースに

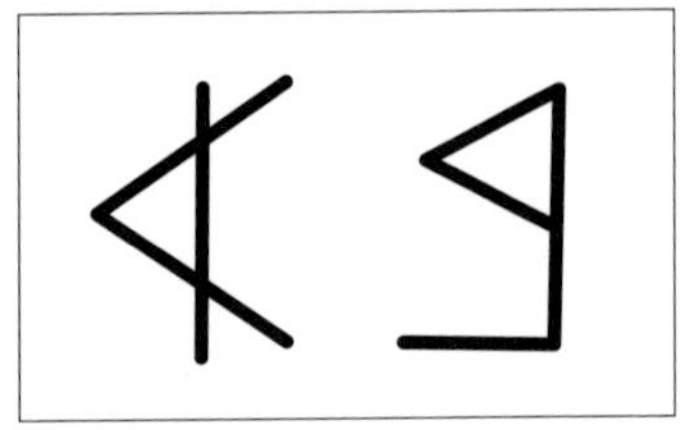

フェニキア文字
アレフ（左）とベート（右）

なっているという説も浮上している。フェニキア文字は紀元前10世紀頃には発生し、紀元前5世紀から3世紀終わりまで大西洋岸を支配していた、フェニキア人の国家であるカタルゴで使用されていた。しかし、どの説についても決定的な証拠がない、というのが正直なところのようだ。

西暦98年出版の『ゲルマニア』に、既にルーン文字が登場していたことからも、ルーン文字が成立したのは1世紀前半とされている。それも、ルーン文字は自然の流れの中で徐々に形成されたのではなく、ある特定の人物によって自主的に作られたという見解がある。ゲルマン語に合うように文字に工夫が凝(こ)らされていることから、ある時点で何者かにより意図(いと)的に制作されたと考えられるのである。

現存する最古のルーン銘文

ルーン文字は、2世紀にはゲルマン語を話す古代北欧を中心に広がっていった。

現存している世界最古のルーン遺物は、1979年にドイツで発掘された、紀元50年頃の飾り留め金用のブローチである可能性が高いといわれている。これには4文字が刻まれているが、ルーン文字なのかラテン文字なのかが明確ではないことから、残念ながら考古学的にはルーン遺物であるとは認められていない。考古学的に確実とされている最古の銘文は、紀元2世紀後半の櫛(くし)であり、harjaという人の名らしきルーン文字列が刻(きざ)まれている。

謎の多いルーン彫刻師

ゲルマン人にローマの学問が伝えられるまで、多くのゲルマン人は読み書きができない非識字(ひしきじ)の状態だった。そうした中で唯一の文字体系としてルーンが存在し、ルーン文字を知っていて彫ることができる人の数は限られ、その人達は「ルーン彫刻師」と呼ばれた。彼らは超能力など超自然的な力を持っていたとか、ルーン文字を使って魔術的なことが行えたなどと伝えられているが、実際にルーン彫刻師に関するデータはほとんど残されていない。エルダーフサルクの銘文は現在223個発見されているが、ルーン彫刻師がどの程度の人数がいたかも把握されていない。少人数で1人が大量数を彫った可能性もあるし、多人数がそれぞれ少量ずつ彫った可能性も考えられるのである。

ルーン彫刻師は自分の作品に、ルーン文字で自分の名前を刻むことが多かった。これは単なる自己顕示欲とも、自分の名を刻むことでその品に護符的な力を持たせたためとも考えられる。

現代に残っているルーン銘文

ルーン文字が最も多く彫られたのは木片や骨といわれているが、長い年月の経過に耐えることなく、多くが腐食し、消失してしまったことだろう。また、金銀などの貴金属に彫られたルーン文字は、大事にされたために残存しているものが多いものの、鉄に彫られたルーン文字は錆(さ)びつき、やはり残されているものは少ない。

現存しているルーン遺物は、ヤンガーフサルクやアングロ＝サクソン型フサルクなどを合わせてもわずか5千点程度で、その中の3千点ほどがスウェーデンに存在している。次いで遺物の数の多さは、ノルウェー、デンマークとなっている。北欧神話の『古エッダ』が伝わるアイスランドは約50点のルーン銘文があり、それもヴァイキング時代以降のものという、比較的新しい年代のものが中心である。

道端などに残されているルーン石碑は、神秘的な内容が書かれたものは残念ながら少数であり、そのほとんどには「△△△（人名）がこのルーンを彫れり」などというように、死後も自分の名を残すことが目的の産物が多かったようだ。同時に、北欧人の信仰にとって、死後の名声は重要な要素だった。ルーン石碑は死後の名声を保証し、多くの石碑には死者の名が刻まれた。名を遺すだけではなく死亡経緯や埋葬先を記したものもあり、現代の新聞紙上などでの死亡発表のような、世の中に死を宣告する働きもあった。

どの時代も、人は死後も後世に自分の名を残したいと願うものなのだろう。この時代は文字で石碑に自分の名を残すのが、その欲求を満たすひとつの方法だったといえる。

フサルクの変化の流れ

ここで、フサルクがどのように変化していったかという歴史をざっと振り返ってみよう。

1世紀頃に発祥した初期の24文字の組み合わせを「エルダーフサルク」と呼ぶことは前述したが、このエルダーフサルクは、西暦700年頃まで使用された。ちなみにその前後の7〜8世紀頃は、国王発行の貨幣にルーン文字が使用されるなど、ルーン文字は一般にも幅広く普及した。この頃がルーン文字の全盛期だったといえるだろう。その後、時間の経過と共に、このルーン文字の形態は、地域別に2通りの変化を見せるようになった。

まずは8世紀頃になると、ヴァイキング時代に入ったスカンジナビア地方では、エルダーフサルクが24文字から16文字へと減少した。それと同時に多くの文字が形を変え、ヤンガーフサルクの誕生となった。単純にエルダーフサルクから文字数を削っただけではなく、新しい文字の形がいくつか考案され、16文字の中に取り入れられたのである。このヤンガーフサルクは1種ではなく、いくつかの形態を持つ。その中で主なフサルクは、「デンマーク型フサルク」と「スウェーデン＝ノルウェー型フサルク（短枝ルーン）」の2種となっている。短枝ルーンは日常的に使用できるように、文字の形が簡略化され、それまでよりも記しやすくなった。例えばデンマーク型フサルクでは、雪形のように文字の中央に3本線が集まっている形のハガルが、短枝ルーンでは中央に点だけが置かれた形になっている。

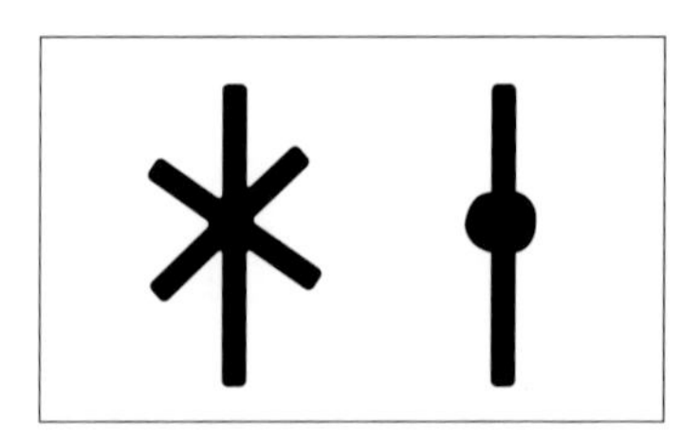

ハガル　デンマーク型（左）
短枝ルーン（右）

この2種のフサルクは厳密に分かれている訳ではなく、混用されることも多々あった。しかし文字数が少ない上に、同じような発音を担当する文字が複数あるなど、16文字の選び方は決して賢くはなく、使いにくいことこの上なかったようだ。それでもヴァイキング時代の西暦800〜1100年頃までは積極的に使用され続け、エルダーフサルクのものよりも遥かに大量の銘文が残されている。

逆に文字数が増えていったのは、イングランドとフリジア地方である。「アングロ＝サクソン型フサルク」と呼ばれ、5〜12世紀にかけて使用された。24文字では足りない文字を複数補い、まずは26文字に増加し、その後はアングロ＝サクソン・イングランド内だけで新たな文字が意図的に考案され、文字数の追加がなされていった。最終的には33文字まで増加したが、アングロサクソン人は、主に28文字だけを使用していた。29文字以降の5文字は9世紀以降に考案されたが、使用規模は極めて小さくノーサンブリア（現イギリスの北東端）に限られ、実際にはこの5字はほとんど使われなかったといえる。29文字目の「イアー」までは、10世紀の古英詩「アングロサクソンのルーン詩」に記載されているが、30文字以降の文字に関しては、イメージさせる情報がほとんどない状態である。これらの文字には「聖杯」、「槍」、「石」などそれまでになかった名称がつけられ、若干複雑な形が考案されている。この最後に加えられた5文字の並び順と文字の形は、資料によって若干の違いがあり、情報量の少なさを物語っている。エルダーフサルクでは1本である「ハガル」の横線を2本にするなど、24文字目までの従来の文字の形もある程度改造され、創り直されたようだ。

追加された7文字
左からイル、イアー、イオー、クウェオース、カルク、スタン、ガー

ラテン文字に地位を譲るルーン文字

この後は、次第にルーン文字を使用していた人々の間に、ラテン文字が広がっていく。ラテン文字とのつながりが強いキリスト教が勢いよく伝播（でんぱ）し、特に11～12世紀頃に異教からの改宗が進んだことが、その大きな要因である。異教とのつながりのあるルーン文字は、次第に排除されていくこととなった。そのため後期に発見された銘文には、ルーン文字とラテン文字が同時に彫られたものがいくつも見つかって

いる。しかし、決してキリスト教がルーン文字を弾圧した訳ではなく、あくまでも自然の流れの中での淘汰であったようだ。長いこと神秘の力を持ちつつも生き続けていたルーン文字は、多くの人々の生活から、そして記憶の中から急速に消えていくことになった。

ルーン魔術としての復興

そうした中でも、一部の北欧人の間でルーン文字は細く長く生き続けた。1795年に製作されたルーン碑文が最後のものであり、スウェーデンでは18世紀まで、名前や日付などに使われていた。ルーン暦やルーン杖と呼ばれるカレンダー（万年暦）は、19世紀になるまで北欧でよく見られるものだった。それは決して見慣れた文字だからではなく、土着文字を愛し続ける懐古の気持ちによる使用だったのかもしれない。

1世紀にこの世に生まれ、長い歴史をたどり続けたルーン文字は、このように一時期すっかり水面下に影を潜めた。このままこの世から姿を消しても、決しておかしくはなかっただろう。

しかし、その後にそれまでとは違う意外な形で、しぶとく復興を見せることになる。19世紀後半は、オカルティストであるブラヴァッキーが神智学協会を設立するなど、スピリチュアルとオカルティズムが一般社会に普及した時代だった。この頃にルーン文字が魔術を持つ形を取って復興する土台が、その水面下で着々と仕上がっていったのである。

1908年にオーストリアの文学者であるマイスター・グイド・フォン・リストが『ルーンの秘密』を出版するなど、ルーン文字がオカルト色を持って、次第に人々の前に登場するようになった。そして特筆すべきなのは、ドイツ・ナチスでルーン文字が使用されたという、思わぬ黒歴史を刻んだことである。ドイツのアドルフ・ヒトラーが率いるナチ党は、ゲルマン民族を純度の高い人種だとし、その使用文字であったルーンの力強さに目をつけたようだ。いくつかのルーン文字を使ってシンボルを作成し、旗などに使用していた。有名なハーケンクロイツは、一般の卍とは違って鍵十字が斜(なな)めに傾き、エルダーフサルクのシゲルを組んだ形となっている。また、シゲルを2つ並べた徽章(きしょう)はシュッツスタッフェルと呼ばれ、ドイツ守護のシンボルとされたようだ。ティールの文字はそのままの形で、ヒトラー青年隊のバッジに使用された。ナチスが群衆の心や動きをコントロールしたという大規模な操作には、幾分(いくぶん)かルーン文字の悪用・誤用による魔術的な力も影響していたのかもしれない。

ハーケンクロイツ（左）、
シュッツスタッフェル（右）

1970年代に訪れたニューエイジブームにより、ルーン文字は神秘の力を持つ文字として、完全に世の中に復興した。その神秘性と占いへの使いやすさから、現在では日本国内でも多くのルーン占いの本が出版され、その数は純粋なルーン文字研究書より多いものと思われる。それは現代人がすっかり失ってしまった神々への畏怖(いふ)心を、呪術に使われ続けた魔力を持つルーン文字が思い起こさせてくれることに、人々が気がついたからかもしれない。

ルーンと北欧神話

ルーン占いと北欧神話とは、切っても切れない深い関係がある。
北欧神話は、ルーン文字が普及していた北欧中心で伝わった神話であるがゆえに、神話の中にもしばしばルーン文字が魔力を持った形で登場する。そして実際に残された過去のルーン遺物の中にも、ルーン文字と共に、北欧神話の一場面のイラストが彫られているものがある。ただし、ルーン文字の起源が1世紀前後と古くから伝わるものの、北欧神話の歴史はもっとずっと新しいものだ。

北欧神話の原典とは

北欧神話の原典になっているのは、アイスランドで17世紀半ばに発見された、『古エッダ』と呼ばれる45枚の羊皮紙に記された写本である。断片詩を含めた20篇の詩からなり、現在はコペンハーゲンの王立図書館に保管されている。この写本は13世紀に作成されたものと考えられているが、この作者不明である『古エッダ』自体、さらに数世紀前の9世紀頃から伝わり続けてきたものであると捉えられている。
その証拠として、1178年生まれのスノリ・ストゥルルソンが、この『古エッダ』の数項目を参照にして、1220年に「スノリのエッダ」という散文を書き上げている。参照にした項目は、『古エッダ』の中心核ともいうべき「巫女の予言」と、「ヴァフズルーズニルの歌」、「グリームニルの歌」で、ここから多くの詩を引用している。現在伝わっている北欧神話は、この『古エッダ』と『スノリのエッダ』の2つを原典として作成されており、この両エッダはアイスランドが残した貴重な資料となっているのである。

北欧神話の世界の始まり

ギリシャ神話やエジプト神話などに比べると、北欧神話の概要を知っている人はかなり少ないのではないだろうか。

『古エッダ』の「巫女の予言」を元に書かれた『スノリのエッダ』によると、北欧神話の世界には、はじめは海も天も大地も一緒くたに混じっていて、あるのはギンヌンガガプという、大きく深い穴だけだった。その南の方には火の国ムスペルスヘイムが、奈落の口の北側には、氷と霜(しも)で覆(おお)われた国ニヴルヘイムが存在していた。ニヴルヘイムの大釜から12本の川が表れて、ギンヌンガガプに流れ込み、その水は凍って大穴は氷でいっぱいになっていた。するとムスペルスヘイムから火の雲がやってきて、熱風と氷がぶつかると、氷は濃い霧となった。その霧から雫(しずく)が生まれ、その雫が生命を得て人の形となった。それは原初の巨人でユミルと呼ばれ、ユミルは同じく雫からできた牝牛のアウズフムラが流す4つの乳の川で育った。そしてユミルは露(つゆ)からできた娘を嫁にもらい、多くの巨人を生み出していったのである。

巨人ユミルは争いの末、北欧神話の神々の総長的存在であるオーディンと、その兄弟に殺された。その肉体は、無駄なく世界形成のための材料とされた。ユミルの肉から大地を、血から海と湖を、砕けた骨と歯からは岩を、髪から樹木を、頭蓋骨(ずがいこつ)から天を、脳からむら雲を、まつ毛から人間の世界ミズガルズを覆(おお)う囲いを作り上げ、北欧神話の基本的な世界が出来上がったのである。

エッダに登場するルーン文字

2つのエッダの中に、ルーン文字の記述は度々(たびたび)出てくる。『古エッダ』の「オーディンの箴言(しんげん)」では、以下の記述がある。

我は風の吹きさらす樹に、九夜の間、槍に傷つき、我が身を犠牲に捧げて
誰もどんな根から生えているか知らぬ樹に吊り下がったことを覚えている。
パンも角杯も恵んでもらえず、下をうかがった。
我はルーン文字を読み取り、呻きながら読み取り、それから下へ落ちた。

ルーンはお前を見出すだろう。オーディンが描き、偉大な神々が作り、
オーディンが彫った占いの棒、すこぶる大きな、すこぶる硬い棒を。

この詩は、オーディンがトネリコの世界樹ユグドラシルに自ら九夜吊り下がり、我が身を槍で傷つけ、その修行によって魔法の文字であるルーンを取得した場面が記されている。このようにして、考古学によるルーン文字の歴史とは関係なく、北欧神話の世界では、神々の総長であるオーディンがルーン文字を発明したとされている。

その他に、『古エッダ』の中の「シグルドリーヴァの歌」では、英雄シグルズによってルーンの眠りの魔術から解かれた女性であるシグルドリーヴァが、シグルズにルーン文字の魔術について延々と伝えていくという記述があり、ルーン文字研究者に注目されている。

勝利を望むならば、勝利のルーンを知らねばなりません。
剣の柄（つか）の上か、血溝（ちみぞ）の上か、剣の峰（みね）に彫り、二度チュールの名を唱（とな）えなさい。

信じる女に裏切られたくなければ、麦酒のルーンを知らねばなりません。
角杯の上に、手の甲に彫りなさい。爪にニイドのルーンを記しなさい。

妊婦の分娩を助けたければ、安産のルーンを知らねばなりません。
掌（てのひら）にそれを彫り、関節を伸ばし、ディース達の加護を願いなさい。

船の安全を願うなら、波のルーンを使わなければなりません。
舳先（へさき）と舵（かじ）の上に彫り、櫂（かい）に焼き込まねばなりません。
高波はおさまり、波が黒くならず、無事に港につけます。

医者になって傷を見ようとするなら、枝のルーンを知らねばなりません。
樹皮の上に、東に向かって枝を垂（た）れる森の樹の上にそれを彫りなさい。

それがブナのルーン、分娩のルーン、麦酒のルーンの全て、邪説を避け、
固く信じて自分のために使用する者にとり、優れた力のルーン。
これを学んだなら、神々が滅びるまで使いなさい。

勝利のルーンであるティール、麦酒のルーンであるニイドを爪に彫るという以外には、具体的にどのルーン文字を示しているのかは記載されていない。それでも『古エッダ』の中でこの詩の部分が一番ルーン文字の登場が多く、いかにルーン文字の魔力が強いと信じられていたかが実感できる内容である。ルーン文字研究者にとっても、この「シグルドリーヴァの歌」は、貴重な文献となっているようである。

この他、北欧神話の中には、小人の持ち物である魔法のルーン文字の彫られた指輪や、英雄シグルドのルーン文字の彫られた剣などが登場する。『古エッダ』の作者が、いかにルーン文字の魔力が強力なものだと考えていたかが分かるだろう。

童心に帰ることができる愉快な北欧神話

ルーンに関する記述は数か所程度ながらも、北欧神話は恰幅の良い力持ちのトールが花嫁の姿となって、自分の武器であるミョルニルという槌を取り戻すというエピソードや、ロキが金髪の美しさが自慢の女神シフの髪をいたずら心から切り取って怒らせてしまい、小人に黄金から新たな金髪を作らせるエピソードなど、つい童心に帰って心を弾ませながら読んでしまう話がいくつも収録されている。

その反面、最後の神々の戦いである、「神々の黄昏」と呼ばれるラグナロクでは、ほとんど全ての神々だけでなく、太陽や月まで殺されて消滅してしまうという、壊滅的な話で幕を閉じ、話の展開の凄まじさを感じさせる。

ルーン占いに興味を持つあなたであれば、一度じっくり北欧神話と向き合い、ルーンの魔力が恐れられていた時代に思いを馳せてみるのもいいのではないだろうか。

第2章

ルーン文字の解説

エルダーフサルク・各ルーン文字の説明

WYRD
ウィルド

無文字

キーワード	運命
文　字	該当なし
西洋占星術	該当なし
現代英語	Urd（ノルンの女神）

ルーン文字の説明

ルーン文字の歴史の項目でも説明したように、本来ルーンは24文字が基本であり、ルーン文字を使用していた古代北欧でも、ルーンの文中に何も書かない空白の部分を作る、という概念はなかった。この何も書かれていない白紙のルーンは、別名「ブランクルーン」としても知られているが、ルーンが占いとして現代に復活したのちの比較的最近になってから、何者かによって付け加えられたのではないかと考えられる。例えばルーンストーン一式を入手した際に、予備として入っていた無文字の石を、何か特別なものと捉えて公表した、という可能性が高い。

このルーンの名前の「ウィルド」は、北欧神話の中に登場する、運命を司る3人の女神の総称であり、別名「ノルンの女神」とも呼ばれている。女神の名は、それぞれ過去を司るウルズ、現在を司るヴェルザンディ、未来を司るスクルド。「ウィルド」は主に、3人の中のウルズのことを強く示す。この女神達は、世界を支えているトネリコである巨大な樹木のユグドラシルの根元に湧く「ウルズの泉」に住まい、人間や神々の運命を定める力を持っている。寿命さえも、彼女達が決めることができるのである。『古エッダ』の「巫女の予言」には、「ヨトゥンヘイム（巨人族の国）から凶暴な巨人の娘ら3人がやってくるまでは、神々は楽しく過ごし、何ひとつ不足するものはなかった」と記載され、これはノルンの女神のことを指すのだという。『古エッダ』の作者はこの運命の女神達に、何かそら恐ろしくて制限をもたらす者、というイメージを持っていたのかもしれない。事実、人間だけでなく神までもが、この女神達が決定した運命に逆らうことはできないのである。

普段からルーン占いに親しんでいると、この「ウィルド」は、変えられない運命を示しているだけではなく、タロットカードでいうと「愚者」に似た役割を担っていることに気がつくだろう。例えば占い中に頭脳の疲れから集中力を欠き、呆然としたままでタロットカードを展開した場合に、最終結果など重要な位置に「愚者」の逆位置が出ることが多々ある。これはルーン占いでも同様であり、質問に意識を集中せずに、ただ漠然と袋の中からルーンを選び出した場合に、十分に混ぜているにも関わらず、不思議とこの「ウィルド」が出てくる確率が高いのである。また、一度出した答えが気に入らないからといって、再度占い直す場合も、この「ウィルド」が出てくることが多い。再度占い直す姿勢は改める必要があるが、集中力に欠けているときにこのルーンを引いてしまった場合は、少し時間をあけて集中力を養った上で、再度占い直してみると良い。

占いに対して誠意を持ち、集中力を持って占った場合にこの「ウィルド」が出たのであれば、これは自分自身の力ではどうにもならないような、運命的な出来事が迫(せま)っていることを示している。運命を定める神の意志や力には抗(あらが)えないのだから、ただ前を向いて訪れる運命を受け入れることが、ベストな行動といえるだろう。

占いの意味

◇ 一般

自分の力ではどうにもならない運命の流れに巻き込まれる。運命に身を任せるしかない状態。運命の大きな転換期にあたっている。今後いくらでも変わっていく運命。不安定な状態。状況が白紙状態になる。まだこの問題に対する結論を導き出せないことを暗示している。

◇ 恋愛・結婚

運命に導かれた２人。過去世で縁があった２人。運命の流れに乗って交際が進んでいく。過去世の縁のカルマの解消。計算が役立たない恋愛。運命の導きにより、結婚に進む可能性は高い。相手の気持ちで出た場合は、まだ気持ちが白紙の状態。何も考えていない状態。流れに身を任せようとしている気持ち。

◇ 仕事

自分と縁が深くてスムーズに取り組める仕事。自分の才能を発揮できる。天からの援助を受けて、驚くほど順調に進む。過去世の影響で取り組む仕事。この仕事をキッカケにして、人生の転換期を迎える。変動が激しく、まだ仕事の結果がどうなるか予測がつかない状態。

◆ 対人関係

過去世からのつながりがあり、出会う人物。気を遣わずに地を出して楽しめる交際。人生の好転を与えてくれる人物。まだ白紙状態で、これから築く関係が重要になる相手。何かと共通点が多い相手。お互いに運命任せで、受け身になりやすい交際。

◆ 願いが叶うか

このルーンだけでは、願いが叶うかどうかは分からない。小細工をせず運命に従っていれば、良くも悪くも満足できる結果を得られる。白紙の状態で判断できない。

今のあなたへのメッセージ

今のあなたの心はけがれがなく純白で、運気の流れに沿った無理のない生き方を選んでいます。運命の女神ノルンはそんなあなたを見初(みそ)め、あなたがより良い方向を選んでいくようにと、好意的にメッセージを与えてくれるでしょう。あなたが何気なく手にした本に書かれている言葉、親しい人がフッとあなたに伝えたアドバイスを、ただ聞き流すだけでなく、しっかりと心の中に刻み込んでください。今のあなたは人生が好転する転換期にあたり、そのチャンスをつかむためのヒントが、あなたの周辺のあちこちに散らばっているのです。

※正逆が同じ形の「ウィルド」に逆位置はなし。

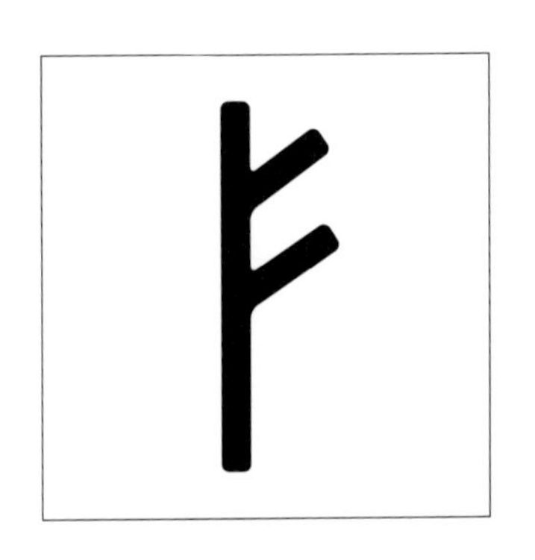

FEOH
フェオ

キーワード	家畜、財貨
文　字	F
西洋占星術	牡羊座、金星、月
現代英語	Fee（料金）

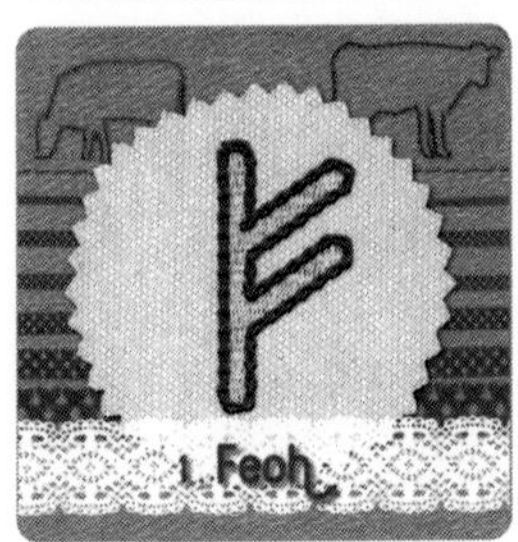

ルーン文字の説明

「フェオ」は家畜を、特にヨーロッパで家畜の代表であった牛を象徴している。貨幣（かへい）が一般的に流通する前は、家畜の数の多さでその家の富を測っていたようだ。すなわちこのルーンは、現代における富や財貨を意味しているのである。現代英語で料金を意味するFeeという言葉の語源になっている点から見ても、このルーンはただ単に飼い慣らされた家畜そのものを表すのではなく、それが象徴している貨幣や富を間接的に表していると考えることができる。

このように物質的な裕福さと関連が深い

ルーンであるが、このルーンが占いの結果に出たからといって、決して一夜にして巨額の富をつかむような、ギャンブル運の高さを示しているのではない。家畜は多くなればなるほど、日々大量の飼料を与えたり、糞尿の掃除をしたりと、家畜に投資する人間の労働力も平行して増えていく。また、家畜は増やすために子供を産ませるのも一苦労の作業であるが、その後に難なく育て上げていくことにも、多大な労力が必要とされるのである。そうしたこと踏まえると、このルーンが正位置で表れれば、確かに金銭運や物質運の高さを表す場合があるが、それは常日頃からコツコツと真面目に働き、地道に貯蓄を重ねていった上につかむことができるという、ごく当たり前で保守的な富であるということを、頭に入れておいた方がいいだろう。

そうした意味では決して派手さのあるルーンではないが、時間をかけて重ね続けた努力は確実に結果として表れ報われるという、信頼に値(あたい)するルーンでもあるのである。

北欧神話の中でこのルーンが象徴するのは、まだ世界にほとんど何もなかった頃に、火の国ムスペルスヘイムと氷の世界ニヴルヘイムが衝突したときに生まれた「アウズフムラ」という牝牛である。アウズフムラは最初に生まれた巨人「ユミル」に乳を与え、養い育てた。アウズフムラ自身は塩辛い霜(しも)で覆われた石を舐(な)め続け、その石から少しずつ、ブーリという男の姿が現れたのである。このようにして、霜(しも)が溶けた雫(しずく)から生まれた牝牛アウズフムラは、世界の全てのものを生み出す元となった。「フェオ」の支配星の月は、命を生み育てる母性を表す。そのためこのルーンは、単に富を得るだけではなく、物事を生み出し、順調に成長させていく力も示しているのである。

正位置

占いの意味

◇ 一般

お金や物などの物質的な利益がある。地道な努力が実を結び、利益となって返ってくる。計画的な行動で成果を収める。予定していた通りに、物事が進んでいく。物事が日々成長していることに気づく。何かを積み上げていく。精神的満足感より、物質的に満たされることを望む。

◇ 恋愛・結婚

お互いに利害関係が一致している交際。共に満足し合い、長く続いていく交際。金回りが良い人との、得をする交際。交際が長いカップルは、年貢（ねんぐ）の納め時である。物を与えることで成功する恋愛。相手の気持ちで出た場合は、愛情よりも、恋愛相手の条件を重視している。執着心を持っている。

◇ 仕事

報酬の良い働き甲斐のある仕事。長く安定して続けられる仕事。日々の努力を重ね、能力が着実に高まっていく。時間と共に周囲からの信頼を得られる。精神的充足感より、お金の方が目当ての仕事。人目につかない地道な仕事。家畜を育てる農家、商人。

◇ 対人関係

精神的つながりより、現実的メリットがつなぐ関係。お互いにメリットが得られる良い関係。時間をかけて分かり合っていく相手。次第に仲良くなっていく関係。長く安定した交際を続けられる。相手から良い情報や物を得られる。本音を話し合うと良い。

◇ 願いが叶うか

少し時間はかかるが、結果的には願いは叶えられる。特に物やお金、仕事に関する願いであれば、叶う率が高まる。ただし叶えるためには、地道な努力が必要である。

今のあなたへのメッセージ

もし、あなたが「今の自分は間違っているのではないか」と感じていたとしても、そんな心配をする必要はありません。そしてもし、あなたが自分と他人を比べて落ち込んでいたり、焦(あせ)っていたりしたとしても、そんなことも全く必要がないのです。今のあなたは、もしかしたら理想としている自分の姿とは、大きくかけ離れていると感じているかもしれません。それでも今あなたが進んでいる方向性は、とても正しいのです。あなたの周りからは見えない誠実な心、人に気遣う優しさは、今は目立たないものであったとしても、いずれ開花するときがきます。

逆位置

占いの意味

◇ 一般

お金や物などの、物質的な損失がある。地道な努力を放棄(ほうき)して、利益を得られない。計算ずくで動いても、状況が好転しない。物質欲の塊(かたまり)となり、周りに与えることを惜しむ。自分の利益のみ追求する。行動がせせこましくなっている。ギャンブルで失敗する。

◇ 恋愛・結婚

金銭か体が目当ての交際。自分だけが金銭と時間の損をする交際。相手に与えてもらうことばかりを考える。相手の性格より、条件にこだわる。見栄を張った交際。結婚詐欺に注意。成就(じょうじゅ)が難しい結婚。相手の気持ちで出た場合は、相手はこの恋に損害を感じている。交際に対する努力の放棄(ほうき)。

◇ 仕事

労力がかかる割には、報酬が少ない仕事。あてにしていた報酬を得られない。投資しても返ってくるものがない。仕事道具など物の損壊。金銭が原因で、取引先や会社ともめる。面白味がなく、長く続かない仕事。物質的に満たされない農家や商人。

◇ 対人関係

交流することで、自分だけが損をする関係。自分の得だけを考えて交際する人。お互いに損失を味わう関係。誠意が足りずに、長く続かない交流。お金がかかり、それが負担となる交流。損得で交際する人を選ぼうとする。お互いに思いやりや友情を持てない関係。

◇ 願いが叶うか

時間をかけて頑張ってみても、願いは叶えられない。特に金銭や物質に関する願い事は、叶わない率が高い。願いを叶えるには、進む方向性を変える必要がある。

今のあなたへのメッセージ

「早く成長しなければ……」と必死になっているあなた。今のあなたは、自分を精神的に成長させるために、そして自分の環境をより良いものにするために、少し先を急ぎすぎているようです。あなたが変わっていくスピードは、もっともっとスローペースであるはず。ですから急いで走ろうとすると、道でつまずいで転んでしまい、ますます先の道のりが長く感じてしまうでしょう。今は大きな目標を掲げるのをちょっとお休みして、1日1日をゆっくりと踏みしめるように、丁寧に歩いてみてください。

UR
ウル

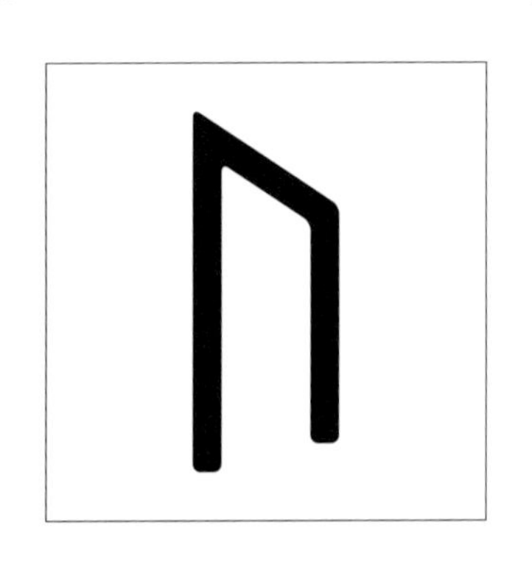

キーワード　野生牛オーロックス

文　字　U

西洋占星術　牡牛座、火星

現代英語　Urox（オーロックス）

ルーン文字の説明

このルーン文字は、どの地域も読み方は大きく違わず「ウル」「ウルズ」であるが、イングランドでは「野牛」、アイスランドでは「にわか雨」と、違う意味を持たせている。これは、スカンジナビアでは野牛の存在を知らないため、同じ綴りと読みの「にわか雨」を選んで当てはめたと考えられている。ここでは広く伝わる意味に従い、キーワードを「野生牛オーロックス」とした。

ルーン文字の「フェオ」は人間の支配下にある家畜の牛を象徴しているが、「ウル」は人間の力ではそうそうコントロールできないような、ダイナミックさを持つ野性の牛を象徴している。

この「ウル」のキーワードになっているオーロックスは野生牛であるが、元々は「フェオ」が象徴する家畜は、新石器時代にこの野生牛のオーロックスを捕らえて飼い慣らしたものが起源であると考えられている。ただし元は同じ牛であったとしても、長い年月をかけての家畜の改良が、野生のオーロックスとの性質の差を広げていったため、ルーン文字の「フェオ」と「ウル」が示す牛の性質は、かなり違うものである。

「ウル」が象徴する野生牛のオーロックスは、体長3メートルほどで体重は1トン近くある巨体で、80センチ程度の長さの立派な角を持ち、その角で角杯などが作られていた。主にユーラシア大陸と北アフリカの広い範囲に生息していたが、古代から人間の食糧や家畜として狩られて乱獲が進み、17世紀前半にポーランドで最後の1頭が狩られ、絶滅したといわれている。

支配惑星としてあてがわれている火星は、男性的エネルギーを表す星である。野生牛というイメージ通りに、このルーンは原始的でダイナミックな力を示している。一般的に男性らしさとして必要と思われる、意志の強さ、決断力、行動力、バイタリティーを合わせ持っているルーンなのである。

タロットカードに慣れ親しんでいるあなたであれば、「力」のカードをイメージしてもらえれば、正位置で出たときだけではなく、逆位置で出たときの意味も、何となくピンとくるかもしれない。このルーンが出たときには、周囲の環境は大きく動き、心身共にエネルギーを必要とされる状況に追い込まれるだろう。ただ流れに任せていたり、気楽にのんびり過ごしたりするのが困難になり、全力を出して前進しなければならない場面が訪れると予想されるのである。

正位置

占いの意味

◇ 一般

物事に全力で立ち向かえる状態。底力を出して良い成果をつかめる。実力を発揮して、勝利をものにする。人に頼らない、自力による成功。良好な健康状態。突然起こる劇的な変化。ドラマチックな出来事。何かに情熱を燃やして前進できる状態。有利な戦い。

◇ 恋愛・結婚

積極的に押してくる相手。情熱を燃やせるドラマチックな恋愛。思いきった告白や誘いが成功する。ストレートな愛情表現。ライバルに打ち勝てる。情熱をぶつけ合える交際。結婚にはまだ早い時期。相手の気持ちで出た場合は、強い情熱を持っている。積極的に向かっていきたいと思っている。

◇ 仕事

ハードな状況を気合いで乗り越えられる。予想以上の結果を出せて、立場が良くなる。昇進の話が舞い込む。大規模な仕事にチャレンジする機会がある。周囲を圧倒する情熱的な仕事振り。独立が成功する。自分の限界に挑戦できる。肉体労働者。スポーツマン。

◆ 対人関係

積極的に連絡し合う、密度の濃い交際。相手から強く必要とされている。自分の思うように動いてくれる人。大勢の中でリーダーシップを取れる。自分が相手をリードしていく立場になる。独立性が高く、周囲からの援助がなくても問題はない。

◆ 願いが叶うか

上手くチャンスをつかんで動くことにより、願い事は実現する。自分から働きかけることで、さらに叶う率は高まる。周りにその願いを打ち明けておくと良い。

今のあなたへのメッセージ

自分では気がついていなくても、今のあなたの潜在意識の中には、自分自身で処理しきれないほどの莫大(ばくだい)なエネルギーが渦巻いています。火事場の馬鹿力というように、生死に関わるようないざというとき、もしくはあなたが心から自分のやりたいことに向けて全力で生きようと決心したときに、その渦巻いているエネルギーは初めてその姿を人々の前に現すのです。あなたは自分で思い込んでいるほど臆病(おくびょう)者でもないし、単調な生き方で満足できるような平凡な人間でもありません。一体そのエネルギーはどこへ向きたがっているのか……静かに自分の内面と対面してみてください。

逆位置

占いの意味

◆ 一般

意志力や体力に欠け、頑張れない状況。気合いが足りず、目標を達成できない。ヤル気が出ない。突然の変化で状況が悪化する。大きな自信喪失感を味わう。無計画で無謀な行動。やりすぎて失敗する。思い切った行動に出て失敗する。健康を害する心配がある。

◆ 恋愛・結婚

積極性のない無気力な相手。逆に強引すぎて荒々しい相手も示す。暴力的・支配的な人。未来の見えない交際。無理に交際を進めようとして失敗する。意思の疎通(そつう)に欠ける状態。結婚まで進めない。相手の気持ちに出た場合は、激しく落ち込んでいる。強い無力感を抱えている。

◆ 仕事

大きな失敗をして、不利な立場に追い込まれる心配がある。期待していたプロジェクトに参加できない。周囲から疎外され、実力を発揮できない。ハードワークが重なり、健康を害する。気合いが入らず、仕事に重圧を感じる。逃げ腰で仕事に取り組む。

◆ 対人関係

横暴で自分勝手な人に悩まされる。感情のコントロールができず、周囲と歩調が合わない状態。周囲のペースについていけない。気が合わない人達。見下された言動を取られる。強い立場の人に、高圧的な態度を取られる。人と会っても疲れるだけの状態。

◆ 願いが叶うか

願いの内容が非現実的なため、その願いが叶う可能性は低い。行動を起こせないため、願いが叶わない。冷静になって、再度願い事の内容を見直す必要がある。

今のあなたへのメッセージ

自分では気がついていないかもしれませんが、あなたの心と体には、まるで埃（ほこり）が積もっていくかのように、少しずつ蓄積した疲れがあるようです。朝起きるのが辛かったり、特に理由もないのに人と会うことに怯（おび）えたりしていませんか？　それはあなたの心と体が、休息を求めている証拠。いつも何かで張り詰めているのであれば、その緊張の糸を解きほぐすようにしましょう。今のあなたには、社会的成功など多くの人から好かれるように頑張ることは、あまり必要がないのです。常日頃から、できる限り自分自身を労（いた）わることを優先してみてください。

THORN
ソーン

キーワード 棘、巨人

文　字 Th

西洋占星術 火星、木星

現代英語 Thorn（棘）

ルーン文字の説明

「ソーン」は良くも悪くも強い潜在エネルギーを持ち、ゲルマン民族から恐れられている文字であった。イングランドではこのルーンに「棘」という意味を与えているが、北欧では、「巨人」「怪物」「魔物」の他に、「悪魔」「化け物」などという不吉な意味を与えていることからも、その恐れの強さがうかがえる。

北欧神話の原典である『古エッダ』の中に、フレイの召使であるスキールニルが、フレイの頼みにより、巨人の娘ゲルズにフレイの求愛を受けるようにと強制するシーンがある。その中でスキールニルは、なかなか首を縦に振らないゲルズに対して、こう言って脅(おど)している。

あなたには「ソーン」のルーン文字と、肉欲、狂気、不安の3つの文字を彫ろう。
ただしフレイの求愛を受けるのならば、彫った文字を削(けず)って消して差し上げますが。

中世に創られたルーン詩の「ソーン」の箇所を読むと、古ノルウェー語の詩には「女性の病を引き起こす」と記載され、古アイスランド語の詩には「女性の苦しみ」と記載されている。詩の制作者はスキールニルの台詞(せりふ)を知ることにより、「ソーン」の文字は女性を病気にする力を持つと信じていたようだ。

このルーンにあてがわれている意味の「棘(とげ)」は、植物が自分を守るために、他者を攻撃するものである。その棘がどんなに小さなものであっても、油断をして植物に触れ、刺されたときの痛みと衝撃は、かなりのものだろう。

また、このルーンには「トール神」という意味が与えられることもある。力持ちのトールの暴力的なイメージが、文字のイメージにフィットすることと、「ソーン」の文字の形がトールの持つハンマー「ミョルニル」に似ているからであると考えられる。トールのハンマーは落雷のシンボルでもあり、どんなに遠くへ投げても手元に戻ってくるという優れもので、トール神の脅威(きょうい)を確固たるものとしていた。

このルーンには、深い地下の部分から湧き上がってくるような、決してポジティブとはいえない攻撃的で衝動的な巨大なエネルギーが、潜在的に秘められている。人間でいえば、自分では気がつかない無意識の領域からくる怒りや恨み、妬み、無謀に危険に歯向かっていくような衝動的な行動が当てはめられるだろう。このルーンが占いの結果に出てきたときは、隠れた敵の存在、もしくはあなたに向けられた敵意に十分注意すべきである。また、自分自身も怒りや恨みなどネガティブな感情が原因によって、良からぬ行動に走りやすいことも、「ソーン」は警告しているのである。

正位置

占いの意味

◇ 一般

怒りや恨みなど、何かの潜在的な衝動に突き動かされる。プライドをかけた行動が、自分にとって有利な立場を招く。復讐を目的とする行動は成功する。心の奥底から強い願望が湧き上がってくる。常について回るネガティブな感情。自ら罪を犯す危険性。

◇ 恋愛・結婚

相手に強い執着心を持つ。純粋な愛情ではなく、支配心や復讐心が活力となる恋愛。攻撃的な態度を取ってくる人。すぐに体の関係を持つ、誠意のない交際。自己満足だけを求め合う交際。相手の気持ちで出た場合は、強い怒りや執着心、支配欲を持っている。

◇ 仕事

自尊心を満たすことが目的の仕事。ライバルに対する強い妬みや攻撃心。集中的にエネルギーを注ぎ、高い成果を上げることができる。成果を上げても人を傷つける結果になる可能性。仕事の内容や周囲のやり方に、強い不満を感じる。ヴァイキングや狩猟など攻撃的な職種。

◇ 対人関係

激しいライバル争いに打ち勝つ。些細なことが原因で、大喧嘩に発展する。人といても心が狭く、思いやりを持てない状態。人の欠点ばかりが目につく。いつまでも攻撃を続け合う関係。人の怒りや恨みをかう心配がある。隠れた敵の存在や敵意に注意。

◇ 願いが叶うか

その願いが叶う可能性は高いが、実際に叶っても満足できない結果になりやすい。それは自己満足だけを求める願いだからかもしれない。願いを見直す必要がある。

今のあなたへのメッセージ

あなた自身の内面を、見直す時期に入っているようです。あなたの人生の中で、一番大きな目標は何ですか？　もし何か目標があるのであれば、どうしてあなたがそれを目指しているのか……という、根本的な理由を考えてみましょう。潜在的に大きなエネルギーを秘めたあなたは、その目標を達成する力を持っています。ただし、本当にそれが実現したときに、あなたは幸福になれるのでしょうか。それは「今、あなたの宝物は何か」という問いかけを自分にすることで、見えてくるはずです。

逆位置

占いの意味

◇ 一般

強い自己顕示欲がワガママな行動を呼び起こし、人に迷惑をかける。信頼を裏切られ、大きなダメージを被る。陰に見えない問題が潜んでいる可能性がある。視野が狭(せま)く、自分のメリットしか目に入らない状態。粗暴(そぼう)な行動を取りやすくなっている。心や環境を浄化する必要がある。

◇ 恋愛・結婚

不倫や略奪愛など、真の幸福を感じられない恋愛。もてあそぶことが目的の人に注意。危険なタイプの相手に惹(ひ)かれる。傷つけ合う、愛情の感じられない交際。ワガママのぶつけ合いの交際。相手の気持ちで出た場合は、ひねくれて素直さを失っている。大きな不満がある。

◇ 仕事

感情のコントロールができず、仕事の効率が上がらない。不満やストレスを感じる仕事。社会に役立たない、やり甲斐を感じられない仕事。頭を下げられないことからの、上司との対立。プライドが高いことが、仕事に悪影響を与える。妬みや恨みから仕事を妨害される。

◇ 対人関係

理性よりも感情が先行して、人と激しく衝突する。人に恨みや妬みの感情を強く持つ。人を利用してまで自分の利益を求める、もしくはそういったタイプの人が接近してくる。悪意のある人の存在に注意。人の意見や助言を無視して失敗する。

◇ 願いが叶うか

その願いが叶う可能性は、かなり低いと見て良い。それはその願いが叶っても、不幸になる人が出てくるからかもしれない。まずは、自分の心を浄化する必要がある。

今のあなたへのメッセージ

あなたの今の心の中は、自分でも気がつかないほど荒れて、すさんでしまっているようです。ただし、その原因は外にあるのではなく、あなたの中にあるのです。あなたの周りにいる人達は、あなたの心の中を鏡のように映し出した人達……。あなたが受けている嫌なことは、過去にあなたが吐き出したことなのかもしれません。そのすさんで閉ざしてしまった心を明るく開放的なものに変えていくには、あなた自身が心の持ち方を変える必要があるのです。森林や海で、自然の開放的な波動に触れてみてください。

ANSUR
アンスール

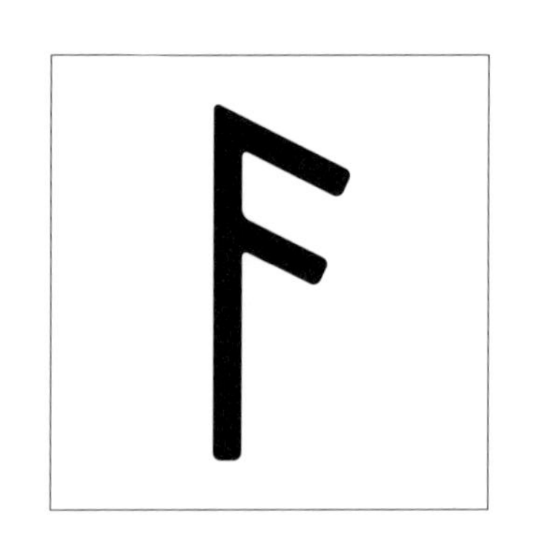

キーワード　口、オーディンの知恵
文　字　A
西洋占星術　水星
現代英語　Answer（答え）

ルーン文字の説明

「アンスール」には「口」という意味が付与されているが、それには「言葉によるコミュニケーション」、「知識の伝承」などが含まれている。広い意味でいえば、現代の文字や文章、本、情報収集や伝達に役立つパソコン、スマートフォンなども、この「アンスール」の範疇に入るだろう。

33文字のアングロ＝サクソン型フサルクでは、新たに追加された「アッシュ」が、このルーンと全く同じ形である。そのため区別すべく、アングロ＝サクソン型フサルクの「アンスール」のみ、斜め横の2本線が跳ね上がった形になっている。

ルーン文字が広がり出したとされる西暦2世紀前後の北欧では、それ以外にまだ文字らしい文字がなく、人々は生きるための知恵や呪術的な儀式の方法を、口を通して言葉で伝え続けていくしかなかった。そのため古代北欧の人々にとって、このルーンが示す「口」は、現代よりもずっと重要な役割を担っていたのである。現代のように、本を読む機会に恵まれなかったこの時代の知識欲の強い若者達は、年配者など有識者を訪ねては、その話にいつまでも、静かに耳を傾けていたのかもしれない。

このルーンは「口」の他に、「オーディンの知恵」という意味も与えられている。北欧神話の中でオーディンが持つ特性は様々であるが、やはりどんな神より世界のことを知り、多くの知識を持っている、という点が大きな特徴だろう。

オーディンは、いつも肩にフギンとムギンという2羽の烏(からす)を従(したが)えていた。その烏は世界中を飛び回り、各地で起こっている出来事を目にし、戻ってきてはオーディンに告げるため、オーディンはいち早く世界の全ての出来事を知ることができた。また、天上の宮殿ヴァルハラの中には、オーディンとその妻フリッグしか座ることが許されない、フリズスキャールヴという高い王座がある。この王座からは全世界を見渡すことができるのである。このように、神々の長老であるオーディンの元には、多くの情報が集まるようになっていたのである。

オーディンの知識を絶対的なものにしたのは、豊かな知恵を授ける、ミーミルの泉の水を飲むという出来事である。賢者ミーミルの首が沈められているこの泉の水を飲むと、未来の出来事を含めた全てのことが分かると言い伝えられているのだが、その代償として自分の右目を差し出さなければならない。オーディンは迷ったあげくに自分の右目を取り出して差し出し、この泉の水を角のさかずきで飲み干したのである。こうして現在の情報だけでなく、未来の出来事までも見通せる知恵を持つようになったのだ。

この「知恵」や「知識」を象徴するものは、どの占いにも存在し、それだけ人間に尊重され、欠かせないものであることが分かる。人間以外の動物は、感情や情報を伝える手段はそれぞれ持っているが、言葉という体系は持っていない。

「知恵」や「知識」を象徴とするのは、例えばタロットカードでは「女教皇」や「法王」、西洋占星術では水星や双子座、四元素では風、五行では木、九星気学では三碧（さんぺき）……ルーン文字ではこの「アンスール」が、それを受け持つのである。

正位置

占いの意味

◆ 一般

嬉しい情報が舞い込んでくる。読書や人との会話を通して、必要な知識や情報を入手できる。新しい理解や発見を得られ、博識になる。役に立つアドバイスが耳に入ってくる。気持ちや意見を、文章や言葉で的確に表現できる。動く前にじっくりと考えるべきとき。

◆ 恋愛・結婚

お互いにマメに連絡を取り合う、コミュニケーションが旺盛な交際。

ロマンスより、知的な会話を楽しむ交際。メールや手紙で気持ちが伝わり合う。恋愛のことを、合理的に考えている相手。結婚の話が出る。相手の気持ちで出た場合は、感情に振り回されることなく冷静に考えている状態。

◇ 仕事

話術が巧みになり、交渉事が有利に進む。嬉しい仕事に関する情報が入ってくる。活発に話し合いがなされ、順調に進んでいく仕事。打ち合わせや書類作成をスムーズにこなせる。知的センスが必要とされる仕事。教師や作家など、頭脳をフル回転させる職種。

◇ 対人関係

友人や知り合いが訪ねてくる、もしくは自分が訪ねる。言葉によるコミュニケーションが楽しめる。様々な話題で話が盛り上がる。気の合う人と新しく知り合いになる。人に役立つアドバイスができる。メールやSNSのやり取りが活発になる。知的で合理的な人物。

◇ 願いが叶うか

その願いは、叶えられる可能性が高いようだ。それは周囲とのコミュニケーションを活発にすることにより、チャンスが訪れる。力のある人に頼み事をするのも良い。

今のあなたへのメッセージ

正しく前向きな行いや姿勢が天に認められて、今のあなたの周囲には、あなたを幸福に導くものに満ちあふれているようです。例えば偶然電車の中で目に入った広告の中に、ハッピーになれる情報が隠されていたり、書店で何気なく手にした本の中に、人生のヒントが詰められていたりするでしょう。どんな言葉も天からのメッセージですから、見落とさないように気をつけてください。

逆位置

占いの意味

◇ 一般

偽りの情報や知識を入手する。デマや根拠のない噂話に振り回される。ガッカリしたり、気が重くなったりするような連絡を受け取る。待ち望んでいる連絡がなかなか入らない。知識が足りずに任務を全うできない。その場しのぎの言い訳や嘘。

◇ 恋愛・結婚

言葉だけで行動が伴わない相手。趣味趣向が合わない相手。コミュニケーション不足の交際。本音を出さない交際。相手からの連絡がなかなか入らない。連絡を無視される。計算高い恋愛。結婚にたどり着けない恋。相手の気持ちで出た場合は、愛情に乏しく不誠実な状態。

◇ 仕事

仕事内容が二転三転して、先へ進めない。書き間違い、計算違いなどの書類上のミスに要注意。連絡ミスも心配なとき。信用できない取引先。取引先の話の内容に、嘘やその場しのぎの発言がある。情報をあてにして判断ミスをする。パソコンやスマートフォンの故障。

◇ 対人関係

嘘や言い訳の多い、誠意のない人。詐欺師など頭の良さを悪用する人。人とコミュニケーションを取っても、話が弾まない。共通の話題が少ない。メールや電話の返信がなく、連絡が取れない。人とのコミュニケーション不足。相手にとって都合の良いアドバイスをされる。

◇ 願いが叶うか

嘘の情報に振り回されることが原因で、願いは叶えられない。叶えられそうな話があっても、結局それは誤報である。その願いに関する情報を集めると良い。

今のあなたへのメッセージ

言葉や情報に振り回されないように、気をつけてください。今のあなたの周りには、必要以上に情報が氾濫（はんらん）していませんか？　朝からテレビがつきっ放し、暇さえあればSNSチェック、そして中身のないメッセージ交換……。少し頭を使うのを休めて、静かな時間を持つように心がけてみましょう。あなたの周りから、不要なものをもっとそぎ落とす必要があるのです。そうすることによって初めて、自分にとって本当に必要なものが何であるのかが見えてきます。

RAD
ラド

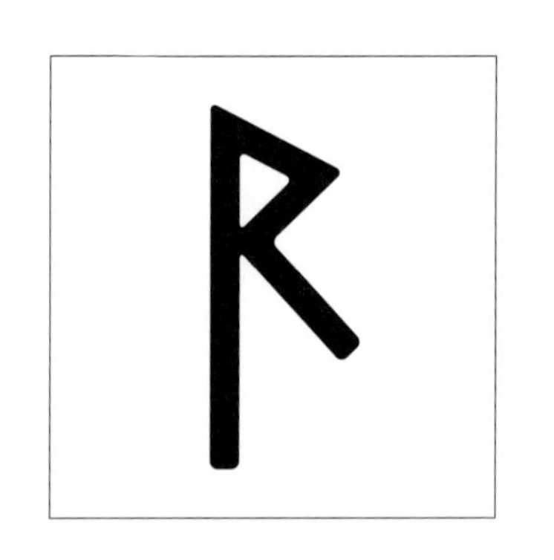

キーワード 乗り物

文　字 R

西洋占星術 射手座、水星、ドラゴンヘッド

現代英語 Ride（乗る）

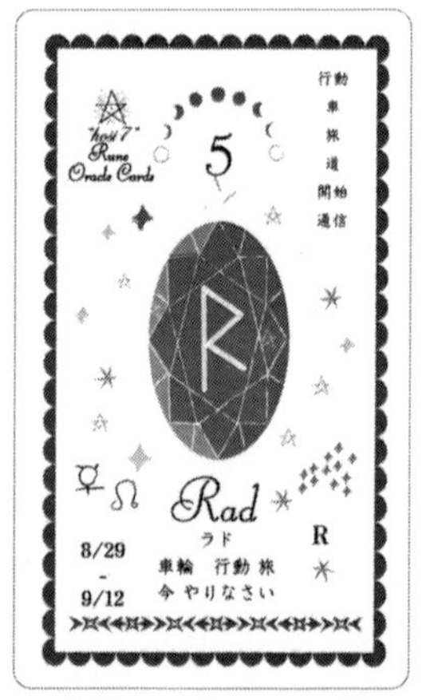

ルーン文字の説明

この「ラド」には、「乗馬」や「乗り物」という意味が当てはめられているが、後述する「エオー」との差を明確にすべく、ここでは「乗り物」とした。ルーン文字の体系が形成された当時の乗り物といえば、馬や馬車のことを指すのだろう。そしてもしかしたら、その意味の中には人力車や牛車も含まれていたかもしれない。ただし当時は交通手段の中では、馬が一番速く目的地へたどり着けるもので、旅の手段として重視されていたのである。その馬車のイメージのように、このルーンにはスピード感があり、

「ラド」が占いの結果に出ると、物事が迅速（じんそく）に動いていくことや、今すぐに動く必要があることを示しているといえる。

このルーンにはもうひとつ、「旅」という意味も与えられている。旅は移動手段である乗り物と関連しているが、移動といってもただ単に家と仕事場所を往復するという日常的な移動ではなく、もっと未知の世界に胸を弾ませるような、人生にスパイスを、そして変化を与えるような、規模の大きな移動を指しているのである。

情報過多な現在では、世界のどの国へ行けばどのような観光スポットがあり、どのような料理を味わうことができて……と、その場所へ出かける前にどのような境遇（きょうぐう）にぶつかるのかを、容易に予測できる。しかし情報の少ない当時は、旅といえばまさに何が起こるか分からない、未知との遭遇（そうぐう）であった。それでも冒険心あふれる勇敢な者達は、決して恐れることなく、新たな発見を求めて胸を躍らせて、故郷を背に旅立っていったのである。

西洋占星術の支配惑星として当てはめられている水星は、知性を示すと同時に、移動も示している。同じく水星が支配惑星の「アンスール」の項目で述べたように、水星はオーディンの知恵にも関連が深い。オーディンは「さすらう者」と表現されるほど、頻繁（ひんぱん）に旅に出かけていた。古エッダの「オーディンの箴言（しんげん）」の中で、下記のように述べている。

昔は我（われ）も若かった。一人で旅をしていて道に迷った。人に会えたとき、自分が豊かになった気がした。人は人にとって喜びなのだ。

このように、オーディンにとって旅とは、新しい環境だけではなく、人との出会いの場だったのだろう。また北欧神話の中では、オーディンだけではなく、トールやロキなどの他の神々もよく旅へ出かけ、様々な冒険談を残している。配送技術のない当時は、遠くにいる人に何かを伝えるには実際に出向き、口頭や文字で伝えるしか方法がなかった。このルーンは人とのつながりを強化する、行動のルーンといえるだろう。

ちなみにこの「ラド」は、決して大々的な旅行だけを意味するのではない。例えば親しい友人宅で行われるパーティーや、仲間との短距離ドライブ、ちょっと隣駅までのショッピングなど、一般的に楽しいと思われる外出全般を指しているのである。

正位置

占いの意味

◇ 一般

物事がスピーディーに好転していく。希望を持って前進し続けることができる。楽しく物事を進行していく。スピーディーに動くことで、チャンスをものにできる。旅行をする機会に恵まれ、それは楽しいものになる。明るく夢を追い続ける。思考より行動が必要なとき。

◇ 恋愛・結婚

明るく爽(さわ)やかなタイプの相手。アウトドアレジャーや旅行先で、新しい人と出会う。マメにコミュニケーションできる2人。未来への希望に満ちた交際。トントン拍子に交際へと進展していく。結婚できる可能性が高い。相手の気持ちで出た場合は、積極的に愛情を育てる意欲を持っている。

◇ 仕事

仕事上の夢や目標にスピーディーに近づける。取引先との交渉が成立する。自分から働きかけることで成功する。出張を通して知見が広がる。新しい取引先ができる。自分の企画や希望が通り、仕事が楽しくなる。論理的な思考能力が必要とされる仕事。

◇ 対人関係

友人知人を訪れたり、逆に訪れてきてくれたりする。友人知人と連絡を取り合う。グループでの旅行の話が持ち上がる。旅先で印象深い人と知り合える。自分から連絡を取ることで、進展する交流。会う話がスピーディーにまとまる。早く連絡や返信が届く。

◇ 願いが叶うか

幸運の波に乗っているため、その願いは叶えられる可能性が高い。それもかなり早い時期に叶えられるようだ。少しでも、自分から行動を起こしておくと良い。

今のあなたへのメッセージ

あなたの人生という旅は、あなたが思っている以上に快調に進んでいます。自分では見えていないかもしれませんが、このまま進めば、あなたは大事なものを手に入れ、精神的にも大きく成長できるのです。今のあなたに何よりも必要なのは、「どのような自分になりたいのか」という明確な目標。もしそれがないのであれば、どのような自分になると一番嬉しいのかということを、じっくり考えてみましょう。周りの目を気にする必要はありません。あなたは独自の生き方を追求すればいいのです。

逆位置

占いの意味

◇ 一般

物事が延期される。進んでいた物事が停滞し、小休止となる。障害が発生して、計画が頓挫(とんざ)する。乗り物や通信機器の故障で、移動や連絡に問題が生じる。期待している連絡が入らない。何かを始めてもすぐに飽きて、投げ出してしまう。意欲や集中力のなさ。

◇ 恋愛・結婚

順調だった交際に、突然障害が生じる。遠距離などが災いして、なかなか会えない2人。相手からの連絡が入らない。連絡をしても無視される。気が合わない相手。相手の気持ちで出た場合は、恋愛に対して集中力がない状態。気持ちが離れていっている状態。

◇ 仕事

進行していた仕事に横槍(よこやり)が入るなどして、中断する。予定よりも、期間が延滞する仕事。予定とは違う方向へ進んでいく仕事。交渉事は、お互いの希望が噛み合わずに成立が困難である。時間が経つに従(したが)い、ヤル気が失われていく。目標を達成できない心配がある。

◇ 対人関係

価値観が合わず、連絡が途切れがちになる交流。外出先で知り合った人との間に、トラブルが生じる可能性。コミュニケーション量が徐々(じょじょ)に減り、寂(さび)しさを感じる。その場の楽しみだけを追求する、誠意のない交際。人とのコミュニケーションが苦手な人物。

◇ 願いが叶うか

願いは一見叶うように見えて、結果的には叶わないようだ。それはその願いに対する真剣さが薄いからかもしれない。途中で願いの内容が変わる可能性もある。

今のあなたへのメッセージ

自分では正しいと感じていても、今のあなたは、間違った方向へ進んでいる可能性があります。例えば自分自身が楽をする方向を選ぶのは、一時的には楽になれても、長い目で見ると決して賢い選択ではありません。何かから逃げるのであれば、まずは少しでも人に迷惑をかけないという責任を持つことです。そしてもし、あなたに大きな目標があるのであれば、本当にその目標が自分と周囲を幸せにするものなのか……ということを、考え直してみましょう。あなたには、もっと別の道が隠されているのかもしれません。

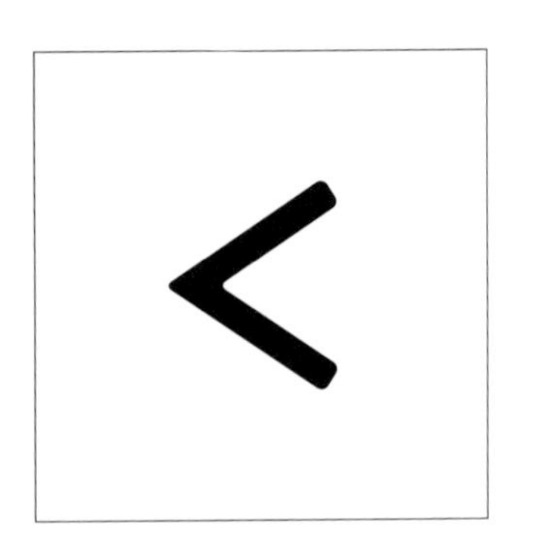

KEN
ケン

キーワード	たいまつ、火
文　字	K
西洋占星術	金星、火星、太陽
現代英語	Keen（鋭い、熱心）

ルーン文字の説明

「ケン」は、四元素の「火」を象徴するルーンである。その他には火と関連して「たいまつ」という意味がつけられ、当時の火の使い方を彷彿(ほうふつ)とさせる。元々は意義がはっきりしていない文字で、古ノルウェー語と古アイスランド語のルーン詩では「潰瘍(かいよう)」という意味が与えられ、詩には「子供達の苦しみ」と記載されている。しかしここでは、アングロサクソンのルーン詩に記載され、過去から占い上で使用され続けている「たいまつ」をキーワードに挙げている。

この頃のたいまつは、木の棒を燃やした

だけという、ごく単純な構造のものであったようだ。まだ人間社会と自然の脅威が密接に結びつき、野獣からの攻撃が恐れられていた時代、人々は人間しか使うことのできない火を利用して、我が身を守っていたのだろう。

また、寒さの厳しい古代北欧の人々にとって、暖を取ることができる火の存在の有難さは、我々の想像を超えるほど格別なものであったはずだ。そのためか、このルーンにはかなりポジティブな意味が与えられている。

「火」からイメージするのは、人間の精神でいえば「情熱」や「熱意」である。西洋占星術でも四元素の中の火のエレメントは、未来志向型であるとか、向上心が強いなどといわれ、精神性の高いエレメントであることがうかがえる。この「ケン」も例外ではなく、やはり精神性の高いルーンである。例えば同じ火星を支配惑星とする「ウル」は、衝動的な精神状態だけではなく、それに状況の急激な変化や激しい行動が伴うルーンである。それに比べると、この「ケン」は、「さあ、成功を目指して頑張ろう」というような、内面で燃えたぎる情熱にスポットが当たる。それに行動が伴うかどうか、そして実際に環境が改善されていくかどうかは、その情熱を上手く活かせるかどうかという、その人の意志や能力次第なのである。ただし結果的にはあふれんばかりの情熱が、その人を突き動かすのだろう。

北欧神話では、まだ神々の世界が確立する初期の段階から、火の国ムスペルスヘイムは存在していた。そして同じく初期から存在していた氷の国ニヴルへ

イムの氷や霜(しも)と、ムスペルスヘイムの熱風がぶつかり合い、そこから生じた雫(しずく)から巨人ユミルと牝牛アウズフムラが生まれ、北欧神話の世界の原点となったのである。

そうしたことから、情熱的に燃え上がるようなイメージ以外にも、このルーンには「新しい物事がスタートする」「創始する」という意味も与えられている。誰もが何か新たな物事に挑戦するときには、大きな成功を夢見て、胸の中に希望や情熱を燃えたぎらせることだろう。そして実際にアクションを起こし、その状況が安定していけばしていくほど情熱は失われ、別の感情に形を変えていくのである。

正位置

占いの意味

◇ 一般

新しい物事がスタートする。計画を実行に移す。大きな想像力。積極的、能動的な態度でことに当たれる。激しく情熱を燃やせるものが見つかる。目標に向かって全力で頑張ることができる。明るい未来が見えてくる。病気からの回復。逆境を突破する。

◇ 恋愛・結婚

情熱を燃やせる、満たされた恋愛。情熱的で積極的な相手。目標達成に燃える相手。まさに理想だと感じる人との出会い。新しい恋のスタート。情熱をストレートに伝えることができる。結婚の話が出る。相手の気持ちで出た場合は、強い情熱を感じ、積極的に恋を進めたいと思っている。

◇ 仕事

高い目標を掲げ、情熱を燃やして頑張れる状態。新しい仕事がスタートし、新鮮な気持ちで取り組める。気の合う仕事上のパートナーとの出会い。温めていた企画をスタートさせる。仕事がスピーディーに片づいていく。集中して、短期間で完成される仕事。

◇ 対人関係

良い交際が期待できる人との、新しい出会い。会いたいと思っていた人に巡(めぐ)り合える。上下関係のある交流がスムーズに進む。お互いに精神的に支え合える関係。未来に関する話が大いに盛り上がる。同じ目標を持つ人。大勢の中でリーダー性を発揮できる。

◇ 願いが叶うか

その願いは、叶えられる可能性がかなり高い。それは集中的に、その願いにエネルギーを注いでいくからであると考えられる。意外と短期間で叶いそうだ。

今のあなたへのメッセージ

今のあなたに欠けているもの、そして今一番必要なもの……それは明るい未来を夢見て前進していく「情熱」です。あなたはただ、目的もなく漫然(まんぜん)と1日1日を過ごしていませんか？　仕事が終わったら適度に飲み、家に帰ったらテレビを眺(なが)めて……。そうした安定した毎日は、もしかしたら幸せな状態といえるかもしれません。それでもあなたが潜在的に持っている人間としての能力は、こんなものではないはずです。もう少しレベルアップを目指してみる……。それが今のあなたへの課題なのです。

逆位置

占いの意味

◇ 一般

気合いが入らず、少々の逆境にも太刀打ちできない。消極的、受動的な態度。何かが終わりを迎える。大切にしていた何かを失う。情熱やヤル気が出てこない、もしくは失せてしまう。進んでいた状況が停滞する。期待していた予定が消滅する。

◇ 恋愛・結婚

燃えていた情熱が冷めてしまう。恋をしたくてもできない状態が続く。ひとつの恋が終末を迎える。片想いに見切りをつける。意志が弱く、一緒にいても気まずさを感じる２人。共に受け身になりがち。相手の気持ちで出た場合は、情熱が冷めてきている状態。

◇ 仕事

ヤル気が出ずに、成績が上がらない。仕事への情熱が薄れてくる。ハードワークで体調を崩す心配がある。スタミナ不足。なかなかスタートできない仕事。やりたい仕事と縁ができない。逆境につぶされ、悪い結果で終わる。降格されてしまう心配がある。

◇ 対人関係

連絡を取り合い、縁をつなげる気力が出ない。連絡をしても相手からの反応が乏しい。友人知人との縁が切れてしまう。一緒にいても気力が出ず、会話が弾まない。否定的な発言が多い人物。向上心がなく、惰性で生きている人物。友情が終わりを迎える。

◇ 願いが叶うか

情熱の乏(とぼ)しさが原因により、その願いが叶うのは難しいようだ。既に自分自身にとって、不要な願いなのかもしれない。別の願いを検討してみる必要がある。

今のあなたへのメッセージ

自分でも無意識のうちに、あなたは自分に厳しくなり、無理を重ねているようです。今の自分に不満があって、「まだまだ自分はこんなものではない」と信じ、頑張り続けていたとしても、あなたの心の奥で悲鳴が上がっているのが聞こえませんか？　あなたは十分頑張っているのです。今のあなたに一番必要なのは、前を向いて進んでいこうとすることではなく、燃え尽きてきている炎の勢いを落ち着かせるべく、その火の種を静かに守り続けていくこと。そのためには、少し小休止を入れてみましょう。視点を変えると、本当に自分が必要としていることが見えてくるはずです。

GEOFU
ギューフ

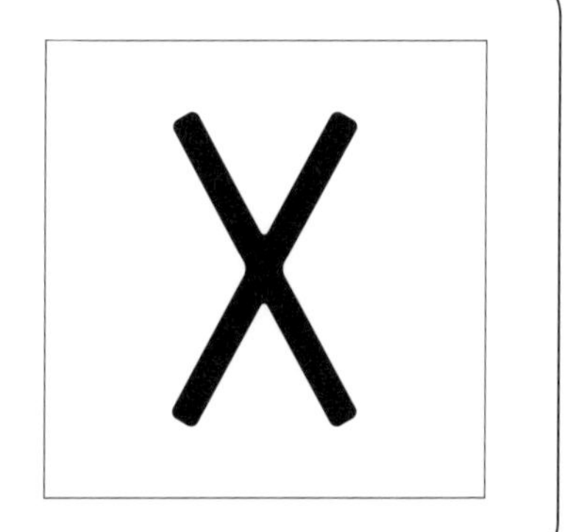

キーワード	贈り物
文　字	G
西洋占星術	魚座、金星
現代英語	Gift（贈り物）

ルーン文字の説明

ここでは「ギューフ」に「贈り物」というキーワードを当てはめているが、基本的にはこのルーンは、「愛情」を示している。愛情といっても、この世の中には様々な形の愛情が存在する。もちろん男女間の熱情を伴うものも愛情であるし、家族や友人に対する優しさや思いやりも愛情である。その他には、世界の貧しい人々や災害に遭って避難している人達に向ける心配や、そうした人々の再起と幸運を願う心、公園に捨てられていた子猫を救って新たな飼い主を探し回るような慈愛心、そうしたものも立派

に愛情であるといえるのである。この「ギューフ」が担当する愛情は、ただの恋愛関係にとどまらない、そうした非常に幅広い意味での愛情である。人間だけではなく、生きるもの全てにとって欠かせない重要な要素であるが、フサルクが16文字に減少する際に、残念ながら何故か削除されてしまった。

西洋占星術では、このルーンに慈愛心の強い魚座を当てはめていることからも分かるように、基本的には「相手の幸福を願う、献身的な愛情」を示している。そう考えると、愛する人を少々不幸に陥(おとし)れてまでも振り向かせようとするような、自分のメリットのみを求める愛情は、このルーンの範疇(はんちゅう)には入らないだろう。

「贈り物」は物質的なものだけではなく、そうした愛情を含めた精神的なものも含まれる。贈り物をもらったときは誰もが嬉しさを感じるものだが、それは物が無償(むしょう)で手に入ったという以上に、「自分を気にかけてくれる人がいる」ということの方が嬉しいのではないだろうか。ただし一番幸福を感じるのは、贈り物をもらったときよりも、相手が喜ぶ顔を想像しながら、贈り物を選んでいるときなのかもしれない。人はいつでも与えられることを求めているように見えるが、実は与えることによって、真の幸福感を得られるのである。

このルーンは、罪も失敗も全てを包み込むような、寛大さと朗らかさを持っている。「ギューフ」が占いで結果に出たときは、その質問に関するあなたの行いや考えは、全て寛容に受け止められ、そして天や神から認められ、微笑(ほほえ)まれているときなのである。あなたの普段の献身的な行いや真剣な愛情が功を奏して、その報酬としての贈り物として、幸福が訪れることを示しているのかもしれない。

占いの意味

◇ 一般

真の平和と深い満足感を得られる。豊かで寛容な精神状態。全ての人が満足できるような、良い結果を得られる。慈愛心を発揮できる。愛情のこもった贈り物が届く、もしくは愛情をこめた贈り物をする。心から行う福祉活動。利他精神を発揮して、信頼を得る。

◇ 恋愛・結婚

全く打算のない真の愛情。深く愛し合い、信頼し合う2人。思いやりを見せ合う、幸福感に包まれた交際。告白が成功して両想いになる。お互いに結婚を意識する。将来的に結婚できる可能性が高い。相手の気持ちで出た場合は、真の愛情と優しさを持っている。

◇ 仕事

社会に貢献できる、やり甲斐を感じる仕事。周囲から感謝される仕事。社会に利益を還元する。ボランティア、福祉関係の仕事。周囲と歩調を合わせ、楽しく働くことができる。周囲からの様々な形での援助が期待できる。天職に巡り合える。

◇ 対人関係

人からの好意を実感して、心が満たされる。思いやりを持ち合い、信頼関係を築いていける。友達や家族と心がしっかりと通い合う。周りの人達と歩調を合わせ、何事も調和的に進められる。パートナーや家族を大切にする人。真の誠意と優しさを持っている人。

◇ 願いが叶うか

その願いが叶えられる可能性は、非常に高いといえる。それはその願いが叶うと、自分だけではなく、全ての人が幸せになれるからだろう。

今のあなたへのメッセージ

「あなたは天から祝福されている」と、このルーンが告げています。あなたは自分があまり恵まれていないと感じているかもしれませんが、決してそんなことはないのです。普段からのあなたの周りへの小さな思いやりや親切心は、誰も評価していなかったとしても、天がしっかりと見てくれています。今後あなたに何かしらの困難が訪れたとしても、それはあなたが精神的に成長していくための、大事なハードル。今までのように、愛情を最も大事にしながら日々を過ごしていきましょう。

※正逆が同じ形の「ギューフ」に逆位置はなし。

WYNN
ウィン

キーワード	喜び
文　字	W
西洋占星術	獅子座、金星、土星
現代英語	Joy（喜び）

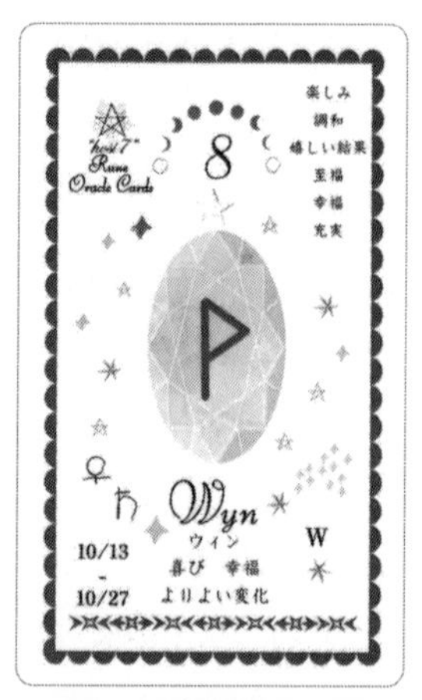

ルーン文字の説明

「ウィン」のキーワードは「喜び」であり、西洋占星術では、周囲に華やかに自己表現ができる性質を持つ、獅子座が当てはめられている。解説書によってはこのルーンに、「栄光」という意味を与えているものもあり、獅子座特有の光り輝く華々しさを強調している。この文字の形の由来は「オーディンが握る栄光の杖」ともいわれているが、はっきりしたことは分かっていない。夢や目標を成し遂げたときに高く掲げられた、はためく勝利の旗の形をイメージしていただければ、この文字が持つ意味を覚えやすいだろう。占いでこのルーンが正位置で出てくると、心がときめいて思わず踊（おど）り回ってしまいたくなるような、幸運な要素が強い華やいだ印象を持つルーン文字である。

西洋占星術では支配惑星として、金星と土星が挙げられている。金星はこの文字の象徴通りに喜びを示すが、土星は忍耐を必要とされる試練の惑星である。アングロサクソンのルーン詩のこの文字の項目に、「喜びとは、痛みと苦しみを知っているからこそ、享受（きょうじゅ）できるもの。自ら力を得た者、幸福をつかんだ者、裕福になった者が得られるものである」と記載されている（フォーテュナ『ルーンの教え』より）。そうしたことから、「ウィン」が示す喜びというのは、決して棚ボタ式に訪れるような安易なものでもなければ、一瞬にして消えてしまうような一時的なものでもない。土星が象徴するような、長年の地道な積み重ねや努力の結果として訪れる、自信を持って受け取ることのできる、価値の高い安定感のある喜びなのである。

ただし、延滞の意味が強い土星の影響を受けて、占いの結果にこのルーンが出ても、その喜びはすぐに訪れるという訳ではない。まだしばらくの間はそれまでのように、浮かれることなく、地道に忍耐を重ねていく場面が必要であるかもしれない。それでもあなたが進んでいる方向性は正しく、このまま流れを変えずに進んでいけば、いずれ心が舞い上がるような幸福感が、胸の中に訪れる時期がくるのだろう。

正位置

占いの意味

◆ 一般

喜びと幸せを感じる出来事が訪れる。期待していたことが、現実のものとなる。幸運に恵まれる。今までの努力に対する、正当な報酬を得られる。ハイテンションで楽しい状況。スポットライトを浴び、賞賛を受けられる。遊びを通して多くのものを得られる。

◇ 恋愛・結婚

狙った人と親しくなれる。期待していた場所で、期待通りの人と出会える。明るく何かと幸運に恵まれている相手。今までの頑張りが実り、両想いになれる。アクティブで楽しいデート。相手の気持ちで出た場合は、この恋に大きな喜びや運命を感じている。

◇ 仕事

希望していた職種に就けて、喜びを実感できる。大きな成果を上げ、周囲から尊敬の眼差しが集まる。自分の企画やアイデアを、受け入れてもらえる。成功を収め、周囲と喜びを分かち合える。趣味のように楽しく取り組める仕事。ヒラメキを活かすと成功する。

◇ 対人関係

一緒にいるとテンションが上がり、楽しい交流ができる人。嬉しい情報を持ってきてくれる人。趣味を通して、楽しい仲間と縁ができる。友人知人との旅行やレジャーは、心に残る楽しいものとなる。グループでは盛り上げ役になると、喜んでもらえる。

◇ 願いが叶うか

その願いが叶えられる可能性は、非常に高いといえる。それは普段の良い行いが功を奏して、幸運に恵まれている状態だからである。運に身を任せると良い。

今のあなたへのメッセージ

今のあなたには、ラッキーな運気の流れが訪れています。例えばそれは、道端(みちばた)で美しい花を発見したり、過去になくした大事な物が出てきたりと、あなたからみればほんの些細(ささい)な出来事かもしれません。それでもそのひとつひとつを大きく喜び、感謝を続けていれば、その幸運の流れは少しずつ大きくなっていくことでしょう。そして今のあなたに一番必要なものは、「楽しむこと」。仕事や勉強の時間が終わったら、趣味やレジャーを楽しむ時間を持って、さらにあなたの魂(たましい)を光り輝かせてください。

逆位置

占いの意味

◇ 一般

不運や不幸な出来事に襲われる。期待していたことが実現せず、ガッカリする。失望を感じる出来事がある。思わぬ落とし穴にはまってしまう。重要な物事に着手するのは、先延ばしにする必要がある。何をしても楽しめない状態。ネガティブな精神状態。

◇ 恋愛・結婚

失恋して意気消沈する。相手から期待を裏切られて、ガッカリする。相手選びで高望みをして失敗する。交際しても、相手の欠点ばかりが目につく。真の愛情より、一時的な快楽を求める。結婚までたどり着かない恋。相手の気持ちで出た場合は、この恋に対してネガティブな感情を抱えている。

◇ 仕事

やりたくない仕事を任され、不満を感じる。仕事に対するヤル気をすっかり失う。思うような結果が出ずに、落ち込んでしまう。周囲を失望させる結果になる。目標を高く持ちすぎて失敗する。順調に進んでいた仕事に横槍が入り、方向転換を余儀(よぎ)なくされる。

◇ 対人関係

相手が期待通りに動いてくれず、ガッカリする。一見良い人そうに見えても、内面は期待外れの人。人から冷たくされて落ち込む。好意を無にされる。遊びの誘いを断られる。大勢で遊んでも気分が乗らず、疎外(そがい)感を味わう。苦痛を感じる交際。

◇ 願いが叶うか

期待度が高い割には、その願いは叶わない可能性が非常に高い。その願いには、現実味が薄いという点が問題なのかもしれない。願いの内容を見直す必要がある。

今のあなたへのメッセージ

あなたには、幸福を求めていく権利があります。ただし、よく自分の気持ちを振り返ってみてください。楽してラッキーを得たいと、運任せにしていませんか？　運に頼ろうとすればするほど、運はそんなあなたの心を入れ替えようと、試練を与えてくるのです。そして、今あなたが抱えている失望は、どうやら望みが大きすぎることが原因のようです。今は一気に前進するときではなく、階段を昇るように、一歩一歩前進していくとき。「足るを知る」という姿勢で、堅実に日々を過ごしましょう。

HAGALL

ハガル

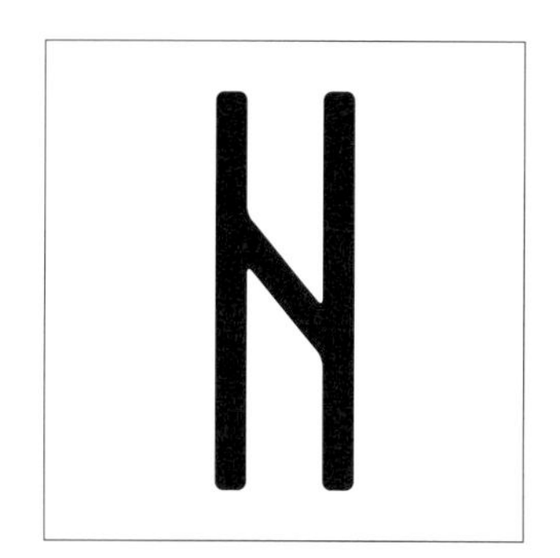

キーワード 雹

文　字 H

西洋占星術 水瓶座、土星

現代英語 Hail（雹、あられ）

ルーン文字の説明

「ハガル」は、天から突然降ってくる、雹を象徴している。雪と氷に包まれた北欧では、雹が降ってくるのは決して珍しいことではないが、雹は突然降り出すために予期が難しいことと、農作物に甚大な被害を与えるということで、人々からかなり恐れられている存在である。自然の力は豊かな恵みを与える反面、人間の力ではどうにもならない脅威も含めていることを、このルーンは示しているのである。

タロットカードに慣れ親しんでいるあなたであるなら、「塔」のカードの意味が一番、この「ハガル」のイメージにピッタリくるかもしれない。ただし「塔」の正位置が、全てを打ち壊してしまうほどの強烈な破壊力を持つのに対して、「ハガル」はそこまでの徹底的な破壊を意味している訳ではない。それは支配惑星に、試練と忍耐が必要な土星が当てはめられていることからみても、何となく想像がつくかもしれない。確かに「ハガル」が象徴する雹は、自然と共に暮らす人々に大きな災難を与えるが、一瞬にして全てを破壊し無にするのではなく、時間をかけて再起可能な形を残すのである。

例えば生活がすっかり安定して、まるでぬるま湯の中で生活しているような人にとっては、このルーンはその生ぬるさから脱却（だっきゃく）する足がかりとなってくれるかもしれない。また、自分を正当化しながら小さな悪事を働き続けていた人にとっては、この「ハガル」が制裁を加え、多少なりとも強引に、その人を正しい道へと引き戻そうとする可能性があるのである。雹の影響でダメージを受けるのは瞬時であり、その後は状況が思わぬ方向へ好転していく、ということも考えられるのだ。

このルーンは、ルーンの基本型であるエルダーフサルクと、アングロ＝サクソン型フサルクの、9番目のルーンにあたる。北欧神話の世界では、9は神聖視されている数字である。例えばオーディンはルーン文字を取得するために9日間、世界樹ユグドラシルに吊るされたとし、巨人ゲルズに恋をしたフレイ神は、ゲルズとバリという静かな森で愛の誓いを交わすために、9日間待つことになった。北欧神話は9つの世界で成り立っていることも、9という数を最重要視している証拠である。

その大事な9番目にこのルーンを置いたということは、「ハガル」がかなり重要なルーンであると認識されていたことが分かる。

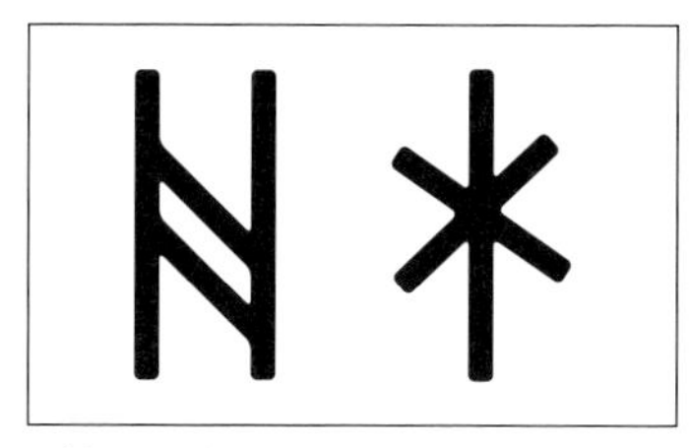
2種のハガル

ルーン文字は年代や地域によって、異形の文字が数多く生まれている。「ハガル」の変形も激しく、エルダーフサルクでは横の斜め線が1本であったが、後期に組まれたアングロ＝サクソン型フサルクでは、2本に増えている。そしてヴァイキング時代に使用された総文字数が16文字のヤンガーフサルクにおいては、3本の線を中心で重ねて、まるで雪の結晶(けっしょう)や星を示すような形になっている。

占いの意味

◇ 一般

精神的ダメージを受ける出来事が起こる。予測しなかった衝撃的な出来事が起こる。次のステップへ進むために、何かが破壊される。陰での悪行がばれて、改善を余儀(よぎ)なくされる。反省や後悔する出来事。事故や天候悪化による中止。何かの合否は落ちる可能性が高い。

◇ 恋愛・結婚

告白しても、はっきりと振られる。意中の人に別の相手の存在が出てくる。2人の関係にヒビが入るような、衝撃的な出来事。修復不可能なほどの大喧嘩(げんか)をする。トラブル続きの恋愛。婚約破棄(はき)や離婚。相手の気持ちで出た場合は、大きな精神的ダメージを受けている状態。

◇ 仕事

仕事の進行中に予期せぬ事件が起こり、中止になる。予想もつかないところで大きなミスを犯す心配がある。失敗が原因で、不利な立場に立たされる。積み重ねていた信頼が、一気に崩れてしまう。会社の倒産や組織の解散。リストラの話が持ち上がる。職業では裁判官。

◇ 対人関係

約束をドタキャンされる。関係の修復が難しいほどの大喧嘩（げんか）をする。一方的に絶交を言い渡される。信頼していた人に裏切られる可能性。意外なことで人を怒らせてしまう。もしくは自分が人の態度に激怒する。事件の被害者、遭難者。衝撃を受けている人。

◇ 願いが叶うか

このルーンが破壊を示すゆえに、その願いが叶う可能性はかなり低い。それは予期せぬ出来事に邪魔をされるからだろう。あまり期待をかけない方が良い。

今のあなたへのメッセージ

あなたは自分の生き方を見直して、大きな方向転換をはかる必要があるようです。心の奥では「このままではいけない」と思っていることを、何となく断ち切れずにズルズルと続けていませんか？　このまま進めば決して幸せになれないことに、あなたは気がついているのです。自分を変えるキッカケを作っていくのは、決して環境や他人ではなく、あなた自身。今こそ勇気を出して、真の幸福をつかむために大きな一歩を踏み出すべきだと、「ハガル」は告げているのです。

※正逆が同じ形の「ハガル」に逆位置はなし。

NIED
ニイド

キーワード 必要性

文　字 N

西洋占星術 山羊座、土星

現代英語 Need（必要）

ルーン文字の説明

この「ニイド」は、英語の必要性、不足を示す「NEED」から来ており、ルーン文字の意味も英語とほぼ同じである。各ルーン詩を見ても「欲求」「欠乏（けつぼう）」「苦しみ」などのキーワードが与えられ、今行動を起こすには何かが足りないこと、欠乏感を味わい忍耐が必要な日々が訪れることなどを表している。

この文字は、ルーンストーンやルーンカードによっては正位置と逆位置の区別がつかず、困惑する場合があるだろう。「ニイド」は正逆のあるルーンである。正逆が分からないものは印をつけて、区別がつくようにしておいて欲しい。そしてルーンを自作する場合は、斜めの線を中間ではなく、上寄りに書くといいだろう。

西洋占星術では山羊座と土星が当てはめられているが、共に慎重な性質で、物事を進めるのに念入りに調査を重ねるような、地道な姿勢があることを示す。山羊座も土星も延滞の性質を持っているため、急いで動くことに適性がなく、機会が訪れるまでジッと待ったり、亀の歩みのように少しずつ物事を進めていったりするしかないのである。ジッとしていることが苦手な、せっかちで早く物事の結果を出したいタイプの人にとっては、全く有難くないルーンかもしれない。ただしこのルーンも「ハガル」のルーンと同様に、決してネガティブな状況を暗示しているだけではない。今動いてもチャンスをつかめないから、もう少し待った方が良い、と伝えてくれているのだ。

『古エッダ』の「シグルドリーヴァの歌」の中には、「信じている女に欺かれたくなかったら、（中略）爪にニイドのルーンを記しなさい」という記述が残されている。これは、女の一挙一動に浮かれることなく、「ニイド」のように慎重に行動しなさいということか、もしくは女が心変わりをしないように、その心を縛りつけるかの、どちらかを意味しているのかもしれない。

この文字は、まるで縛りつけられたかのように、初期から終期までほとんど形を変えていない。タロットカードに慣れている人は、身動きの取れない束縛状態を表す「吊るされた男」や「悪魔」を浮かべれば、このルーン文字がイメージしやすいだろう。

北欧神話の中で思い浮かぶのは、岩に縛りつけられて頭に蛇の毒を受け続けなければならなくなった悪神ロキと、その子供である怪力を持つ狼のフェンリルである。フェンリルはこのルーンの象徴でもあり、神々の知恵によって作られた細い紐によって、神々の最後の戦いのラ

グナロクまで縛られる運命となった。まさに「ニイド」そのものの運命をたどったのである。

正位置

占いの意味

◆ 一般

身動きが取れない、忍耐力が必要な状況が続く。物事が進展する兆しを見せず、停滞を続ける。長く続く苦労の後に、幸運が待っている。状況に束縛され、自由に動くことができない。行動が制限される。現状維持を心がける必要がある。方針の変更は凶。

◆ 恋愛・結婚

恋愛が進展せず、忍耐せざるを得ない状態。相手との意思疎通（そつう）が難しい状況が続く。お互いに忙しく、なかなか会えない交際。勇気がなく、恋の出会いをつかめない。完全に片想いの状態。結婚に移行できない交際。長い春。相手の気持ちで出た場合は、束縛されたような精神状態。

◆ 仕事

拘束（こうそく）時間が長く、自由が利かない仕事。ルーチンワークが続き、新鮮味を感じない。長い修行期間。苦しい状況でも根気良く続ければ、光が見えてくる。現状を維持する姿勢が、功を奏す。働きすぎで体調を崩す心配がある。公務員など規則正しい職種。

◇ 対人関係

お互いに忙しく、コミュニケーションが難しい関係。なかなか連絡が取れない人。気を遣いすぎて気詰まりする相手。一緒にいて盛り上がりに欠けるが、真面目な話ができる関係。本音を出さない表面的な交際。感情を抑えて理性で交際する。年配者。

◇ 願いが叶うか

苦しい状況は続くが、その願いのために忍耐や頑張りを続けるという条件つきで、叶うといって良い。ただし叶うまでには時間がかかる。途中で諦(あきら)めないこと。

今のあなたへのメッセージ

あなたは自分でも気がつかないうちに、自分自身をがんじがらめにしているようです。「～したい」よりも、「～しなければならない」という考えが、生活を埋め尽くしていませんか？　そんなあなたは向上心も責任感もとても強いのですが、そんな意識が実は自分自身を苦しめているのです。あなたは一人の人間として、もっと必要としているものがあります。それは人々と愛情を分かち合い、微笑(ほほえ)ましい時間を過ごすことかもしれませんし、自然の中でゆったりと深呼吸をすることかもしれません。一度自分を開放してあげてみましょう。

逆位置

占いの意味

◇ 一般

耐え難(がた)い抑圧や束縛が続く。忍耐や苦労を重ねても、なかなか報われない。間違った方向へ進んでいる可能性がある。堕落(だらく)への道のりへ進む。自分の良心に逆らった行動をする。不正な行為。過去の悪行が因果応報(いんがおうほう)で戻ってくる。動きたくても動けない状態。

◇ 恋愛・結婚

報われない恋に執着して、前進できない。強い忍耐を必要とされる交際。相手の前で萎縮(いしゅく)して、恋のチャンスを逃す。多くの物事を犠牲にする恋。不倫や略奪愛など人を不幸にする恋愛。相手の気持ちで出た場合は、この恋を続けることに苦しさを感じている。

◇ 仕事

ハードワークが続き、体調を崩す心配がある。過酷な割に報酬が少ない仕事。辞めたくても辞められない状況が続く。極端に長い拘束(こうそく)時間。自分のキャパシティーを超える仕事量。目上の言うことに逆らえない。強力なライバルの存在に悩まされる。

◇ 対人関係

お互いに極度に気を遣い合い、本音を出せない関係。共通の話題がなく、人といても話が弾まない。気が乗らない義務でのお付き合い。神経を使う接待での遊び。なかなか連絡を取り合えない人。目上の人や年配者から高圧的な態度を取られる。

◇ 願いが叶うか

様々な悪条件が重なり、願いは叶わないようだ。それは普段からの自分の行いに難があるということも考えられる。利他精神を発揮することで、運の流れが良くなる。

今のあなたへのメッセージ

自分自身で感じている以上に、あなたは過酷な状況に置かれています。それはやるべきことが多すぎて、息をつく暇（ひま）もないほどだからかもしれませんし、周囲からの圧力が強すぎて、自分らしさを少しも出せないまま毎日を送っているからかもしれません。無理を重ねていけば、あなたの心身は破綻（はたん）してしまいます。「苦労を重ねることに、意味がある」という考えは、今のあなたには毒にしかなりません。自分を開放するべく、心から楽しいと思えることを探して実行してみましょう。

IS
イス

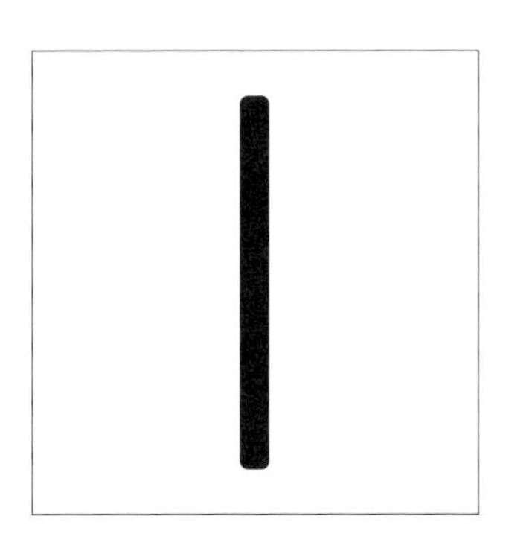

キーワード 氷

文字 I

西洋占星術 月、木星

現代英語 Ice（氷）

ルーン文字の説明

「イス」は北欧で最も身近であり、そして最も人々から恐れられている存在である、氷を象徴している。その存在感の強さゆえに、初期から終期まで消えることなく存在し続け、そして全く形を変えることがなかった唯一のルーン文字である。

氷や雪が周りを取り囲む時期になると、古代北欧の人々は外出ができず、長時間を家の中で過ごさなければならなかった。普段は自由自在に形を変えて流れる水が、凍りつくことでその場を動けなくなってしまうように、氷の世界は人々の行動だけでなく、心の動きさえも大幅に狭(せば)めてしまうのである。

火を象徴する「ケン」の項目でも記載したように、北欧神話の神々の世界は、火の国ムスペルスヘイムと、氷の国ニヴルヘイムが衝突したことにより創始された。このことから、火の「ケン」と氷の「イス」は、対極の立場にあることが分かる。そしてムスペルスヘイムの熱風がニヴルヘイムの氷を溶かして雫(しずく)が生まれたように、何かを創始する際には、ただ燃える情熱だけではなく、氷のような冷めた視点や、静かに時期を待つ忍耐力なども必要といえるのだろう。

冷え切った状態を表すこのルーンは、愛情や友情に関して占ったときに出た場合は、かなりシビアな解釈が要求される。情という温かみには縁遠く、全くと言っていいほど関与しないルーンだからである。そして状況がピッタリと停止してしまうことも示しているため、物事の推進を求めている人にとっても、あまり占いには出て欲しくないルーンだろう。

タロットカードを知っているあなたであれば、物事の完全なる停止を意味する「死神」のカードが、一見「イス」に合っていると感じるかもしれない。ただし、このルーンからイメージするタロットカードは「死神」ではなく、静かに内省する姿勢を示す「隠者」である。このルーンは物事を完全に停止させるのではなく、「一時停止」を意味しているということである。

氷は水が作り出す仮の姿であり、決して終末や消滅を意味しているのではない。全てが凍りついた真冬の後には、必ず春が訪れて、氷は溶け始める。そして本来の自由な姿を取り戻し、活き活きと動き始めるのである。

北欧神話の世界では、神々の最後の戦い「ラグナロク」の前に、夏を挟(はさ)まずに連続して3度の冬が訪れる。気が遠くなるほどの長期にわたり、雪があらゆる方向から降り続け、霜(しも)もひどく、飢えた人々は貪欲(どんよく)さから殺し合い、殺伐とした争いが続いた。そして太陽は狼に飲み込まれ、月は狼に傷つけられ、角笛の音と共に「ラグナロク」が始まり、世界は絶望的な状況に追い込まれるのである。これはまさに「イス」が表す凍りつき、停止された状態だろう。

それでも神々の全ての戦いが終わった後に、森の奥に残され、眠り続けていた2人の人間の男女が目を覚まし、世界が再び青々と美しくなっていることに気がつく。そして2人は世界中を歩き回り、子孫を増やし、一度閉ざされた世界は再び繁栄の道をたどっていくのである。

占いの意味

◇ 一般

進行していた物事が、突然停止する。活動しても状況が膠着して動かない。まだ動く時期ではなく、待機する時期である。進みたくても保留を余儀なくされる。果てしない孤独感。自分の世界に閉じこもり、心を開けない状態。否定的な考え。

◇ 恋愛・結婚

愛情が一気に冷めていく。恋愛に関心がなくなる。別れ話を突きつけられる、もしくは自分から別れを決意する。連絡が途絶え、距離が離れていく2人。辛い恋が終結する。結婚の縁はない2人。相手の気持ちで出た場合は、この恋にすっかり心を閉ざしている。

◇ 仕事

計画を実行に移せないまま凍結する。進めていた仕事の中断を余儀なくされる。成績が停滞する。会社の景気が悪くなる。働く意欲が大きく減退する。仕事に集中できず、スランプに陥る。長いこと仕事を休止する。期待していた取引は停止される。職業は数学者や科学者。

◇ 対人関係

誰とも関わらず、一人で過ごしたいと感じる。大勢の中にいても、静かすぎて浮いてしまう。人と打ち解けられない。親しかった人との縁が、突然切れてしまう。人と突然連絡が取れなくなる。友情の終結。人情より合理性を重視する人。閉鎖的な人。

◇ 願いが叶うか

願いが叶う可能性は、かなり低い。それは願いに近づく状況が、なかなか作れないからだろう。今はまだその願いは、心の中に温めておくべきなのかもしれない。

今のあなたへのメッセージ

今のあなたの心や生活状態は、まるで氷のように冷たく凍りついているようです。あなたは自分が傷つくことを恐れるがために、心の周りに厚い壁を張り巡（めぐ）らせていませんか？　せっかくの人からの好意に気がつかなかった振りをしたり、何事に対しても、まるで興味がない、という素（そ）っ気（け）無い態度を見せたり……。あなたに微笑（ほほえ）みかけて欲しいと願っている人は、意外とたくさんいるのです。あなたの心を凍りつかせているものは何なのか、そっと自分の内面を覗（のぞ）いてみましょう。そして温かい風を送り、優しく柔（やわ）らかな自分を取り戻してください。

※正逆が同じ形の「イス」に逆位置はなし。

JARA
ヤラ

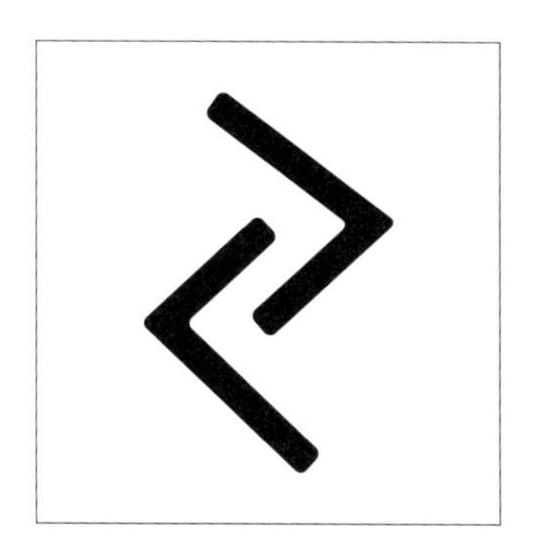

キーワード	一年、収穫
文　字	J
西洋占星術	水星
現代英語	Year（年）

ルーン文字の説明

この「ヤラ」は「一年」という期間と、一年間手を抜くことなく農作業を続けたことに対する「収穫」という報酬の、2つの意味を持っている。ときには「豊年」と意味づけされる場合もあるようだ。

このルーンが示す一年間は、農作物を収穫し終わってから、また次の農作物を収穫するまでの期間である。その収穫の時期は、ヨーロッパで収穫祭が行われる頃の、9月後半から10月前半を示している。古代ゲルマンでも毎年秋に盛大な祭があり、神に対して収穫の感謝を捧げ、翌年の豊作と平和を願ったのである。

収穫という意味だけを見ると、このルーンはとても豊かな実りをもたらす、華やかなルーンであると感じられるかもしれない。ただし豊かな量の農作物を収穫するためには、日々決して休むことなく、朝早くから日が沈むまでの間、地道な農作業を繰り返さなければならないのである。そして自然はいつでも人間の都合のいいように動いてくれる訳ではなく、ときには悪天候に悩まされるなど、例年以上に労力をかけても、収穫量が減ってしまうこともあるだろう。

そのため、このルーンは決して棚ボタ式に舞い降りてくる報酬を暗示しているのではない。規則正しく、自分のやるべきことに手を抜かずに誠意を持ってやり遂げ、真摯な気持ちを抱えながら日々を過ごすことによって、自然を通して天からの大きな報酬が得られことを表しているのである。今まで陰でやましいことに手を染めたり、怠けたりすることなく、地道に日々を積み重ねてきた人にとっては、大きな幸運をもたらすルーンであるといえるだろう。「実り」という意味から、恋愛を真面目に進めてきた人にとっては、結婚を暗示する可能性も高い。

現在ルーン占いで多く流布しているものは、エルダーフサルクの標準型と思われる、2つのくの字が向き合った形である。ただしそれが彫りにくい形であることが災いしてか、その2つのくの字をくっつけて中心に四角形を形成している形の文字、1本の線にした文字など、様々な変種形が存在している。適度に距離をあけて、2つのくの字をバランス良く彫り上げるには、それなりに細かい神経を必要としたことだろう。アングロ＝サクソン型フサルクでは、1本の縦線に斜めにした四角形が刺さった形になっている。

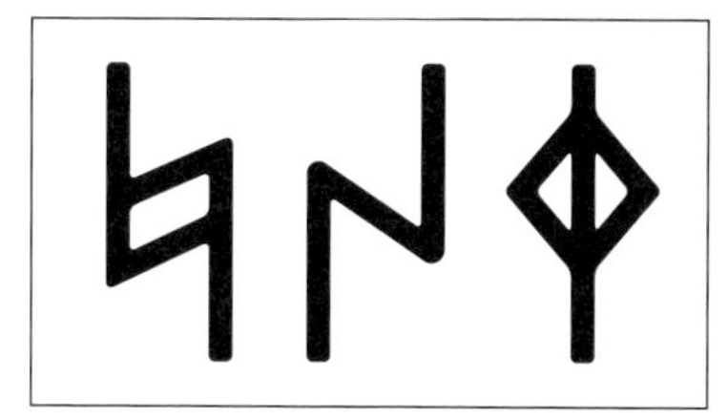

多様な形の「ヤラ」

また、このルーン名はノルド祖語で「jara」と書かれ、アルファベットのJを担当しているが、現在の読み方は「j」が抜けた「ヤラ」とされている。初期の頃は「j」も発音されていたが、西暦600年頃にその発音が抜け、「ara」、つまり「イヤー」という呼び方に近くなり、古ノルド語の「年」という意味となった。

占いの意味

◆ 一般

一年間。過去一年間の成果が形となって表れるとき。普段の地道な積み重ねが、成果となって返ってくる。穏やかに着実に、物事が成長していく。ひとつのサイクルが終わり、次のサイクルが始まる。自然療法で心身の健康が回復する。自然の流れに乗ると成功する。

◆ 恋愛・結婚

今までの自分磨きが功を奏し、理想の人と縁ができる。誠実で嘘のない信頼できる人との出会い。親しい人との間に、少しずつ恋愛感情や愛情が育つ。結婚を前提とした交際。プロポーズされる。相手の気持ちで出た場合は、結婚を意識した誠実な愛情を持っている。

◆ 仕事

一年間で完成する仕事。過去の頑張りが、大きな収穫となって返ってくるとき。計画通りに、順調に仕事が進んでいく。周囲の人達と力を合わせ、穏やかに仕事が進行する。予想以上に高い報酬を得られる。ルーチンワークの中にも、新たな発見がある。

◇ 対人関係

少しずつ深まっていく友情。時間をかけて、着実に信頼を築き上げる。周囲の人達に平等に接することができる。トラブルのない穏やかな人間関係。まるで家族のような、温かさを感じる仲間。一緒にいると心からリラックスできる人。気配りが上手な人。

◇ 願いが叶うか

普段からの誠実な行いが好影響を与え、その願いは叶うようだ。一気に願いを叶えようとせず、地道に努力を重ねる姿勢が大切である。一年間はかかるかもしれない。

今のあなたへのメッセージ

あなたの心の中には、「早く物事を完成させたい」という焦(あせ)りと不安が渦(うず)巻いているかもしれません。それでもそれは、ただ無用にあなたを足踏みさせ、疲れさせてしまうだけの感情のよう。今のあなたに一番必要なもの……それはゆったりとした気持ちで過ごすこと、そして単調な生活の中でも、しっかりと自分の力を出していくことなのです。大きなことや華やかなことには目が向いても、他愛ない家事は、ついないがしろにしているかもしれません。日常をしっかりこなす姿勢が、あなたの人間性を自然と高めていくのです。

※正逆が同じ形の「ヤラ」に逆位置はなし。

YR
ユル

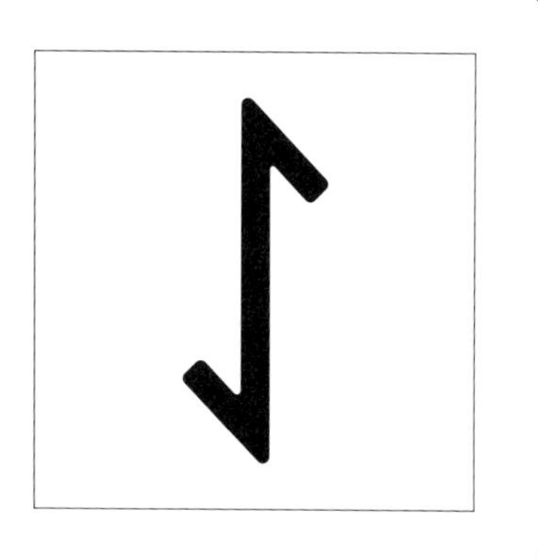

キーワード イチイの樹

文　字 Y

西洋占星術 蠍座、木星、ドラゴンテイル

現代英語 Yew（イチイ）

ルーン文字の説明

「ユル」のキーワードとなっているのは「イチイの樹」である。イチイは漢字で「一位」と書き、日本では「アララギ」「オンコ」などの別名を持っている常緑針葉樹である。成長が遅いためにその材木は年輪が詰まっていて堅く、紅褐色（こうかっしょく）で美しい色のものが多い。日本でも工芸品や鉛筆（えんぴつ）材など、様々な用途（ようと）がある。そのイチイの弾力性を活かして、古代ヨーロッパでは何世紀にもわたり、長弓（ちょうきゅう）を作るのに用いられていた。ヨーロッパでは死者の魂が呪縛される樹として、教会や墓地に植えられている。そうした理由

と、びっしりと深緑色の葉に覆われたうっそうとした立ち姿から、イチイの樹は「死」のシンボルとされているのである。

タロットカードの中では、「死神」が最も近いイメージを持っている。「死神」は決して悪い側面ばかり持つのではなく、不要な物事をスッパリと切り落とすこと、古い自分を脱ぎ捨てることなど、プラスの面も持っている。そしてその先に訪れるのは、180度転換するような、その時点では想像もつかない、新しい世界や新しい自分なのである。この「死神」のカードのように、「ユル」が意味しているのは、物事の終末と同時に新しいサイクルがスタートすることの両面なのである。

ルーンの「ユル」もタロットの「死神」も、13番目に配置されている。これは偶然なのだろうか？　俗説とはいえ、キリストの最後の晩餐に13人がいたことから、13は不吉な数字とされ、13日の金曜日は世界各国で恐れられている日である。そして偶然なのかキリスト教の影響を受けているのか、北欧神話でも13は縁起が悪い数だと言い伝えられている。それは、12人の神々が宴会を催している席に、招かざる客である悪神ロキが乱入して13人となり、そこから様々な混乱が生まれたから、というのが理由のようだ。

ルーン占いにまだ慣れていないあなたであれば、このルーン文字の形が太陽を象徴する「シゲル」と若干似ているために、一瞬どちらだろうかと迷いを感じてしまうかもしれない。しかし、見分け方は容易である。太陽光が降り注ぐ形を示す「シゲル」は、まるで輝かしい未来を仰ぎ見るかのように、上部の斜めの線が上向きであるが、「ユル」はそれと相反して、下向きになっている。この「ユル」の文字をジッと見つめると、この文字がまるで下を向いてネガティブな感情を抱え、内省している姿に見えないだろうか？　新しいサイクルの開始という意味も含むルーンではあるものの、やはりそこまでたどり着くには、終末という大きな試練を通り越さなければならない。そのため、このルーンが占いで出てきた場合は、決して状況を楽観視することなく、気を引き締める必要がある。

占いの意味

◇ 一般

何かが終わり、次のステップに入る準備をする。惰性（だせい）で続けていたことは、終止符を打つ好機。何かの決断を下すため、真剣に考える必要がある。状況が徐々に膠着（こうちゃく）状態に陥（おちい）っていく。何をしても気が晴れない。鬱（うつ）病に近い精神状態。一度終わった物事が復活する。

◇ 恋愛・結婚

未来が見えず、膠着（こうちゃく）状態に陥（おちい）る２人。ネガティブな感情が先行して、楽しめない交際。辛（つら）い恋が、終止符を打つ。別れの決断を下す好機。過去の恋愛が原因で、新しい恋に進めない。結婚をしない選択をする。相手の気持ちに出た場合は、この恋を悲観的に考えている。

◇ 仕事

嫌々続けていた仕事を辞め、転職する好機。仕事の進め方の方向転換をする。今の仕事に対する能力の限界に悩まされる。ハードワークからくる精神的なストレス。先行きに対する不安を感じる。新しくスタートするプロジェクトには幸運がある。

◇ 対人関係

長い付き合いの人達との縁が切れ、新しい仲間との交際が始まる。苦手な人と縁を切るには好機。突然連絡が取れなくなる人がいる。人からどう思われているかを、必要以上に心配する。人前に出ても、表情が暗くなりがち。会合などは今ひとつ盛り上がらない。

◇ 願いが叶うか

その願いが叶うか叶わないかは、まだ微妙なところである。ただし何かを終了させることに関しては叶う。明るく快活な状況を求めるような願いは、叶いにくいようだ。

今のあなたへのメッセージ

今のあなたには、何か切り捨てなければならないものがあるようです。それは未来が見えない苦しいだけの愛かもしれませんし、あなたが執着している過去の光り輝く、もしくは重くすさんだ思い出かもしれません。今のあなたは、新しく生まれ変わる段階に入っているのです。新しいものをたくさん受け取るためには、古いものをなるべく多く捨てなければなりません。今の自分を苦しめているものは何なのか……それが見えたら執着心を捨てて、用意されている光り輝く未来へ目を向けてみましょう。

※正逆が同じ形の「ユル」に逆位置はなし。

PEORTH

ペオース

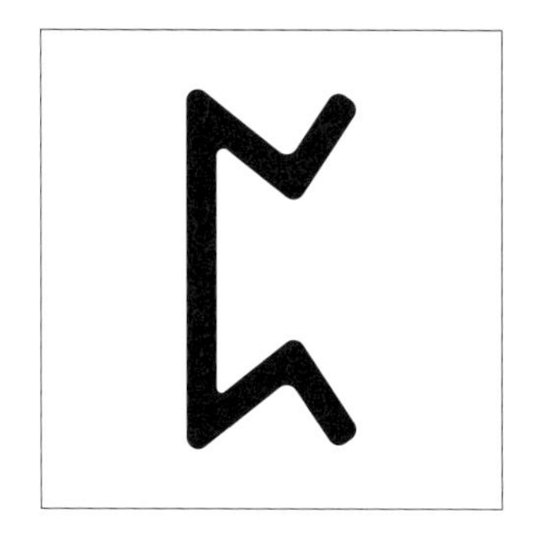

キーワード　ダイスカップ

文　字　P

西洋占星術　火星、土星、ドラゴンテイル

現代英語　該当なし

ルーン文字の説明

「ペオース」の文字は、何を象徴しているのかがほとんど伝えられておらず、考古学による研究が進んだ現代になっても全くといっていいほど分からない、意味不明のルーン文字である。舞踊や果樹という、共通点のない意味の提唱(ていしょう)もなされているようだ。

そんな中で、様々なルーン研究家の解釈によって、何かギャンブル的な要素が強い意味のルーンなのではないか……という見解が示されている。例えばくじに関するルーンであるとか、チェスの駒(こま)などゲームに関するものであるなど……。有力と思える説には、賭博（とばく）のときにサイコロを入れて振る壷（つぼ）を象徴している、というものがある。ここではアングロサクソンのルーン詩にも書かれている、ゲーム性やギャンブル性の象徴として分かりやすい、「ダイスカップ」をキーワードとして取り入れることにした。

ギャンブル性が高いということは、自分の実力や努力だけではどうにもならない、天に運を任せるような状態を示しているといえる。ダイスカップを使っての賭け事も、目をつぶって引くくじも、下手な思考や小細工は一切通用しない。ただ自分の運を信じて、ラッキーチャンスが降り注ぐのを待つしかない状態である。タロットカードでいえば、「瞬時にして降り注ぐ、一時的なチャンスや幸運」を意味する「運命の輪」から、イメージをつかめるだろう。

このルーンは、もちろんギャンブルだけに通用するのではなく、人生の様々な場面で訪れるチャンスや、意外性の高い出来事も示している。「ペオース」が占いで出た場合は、予測もつかないような結果が目の前に訪れて、あなたは驚きを隠せないかもしれない。その結果は決して悪くはないが、未来の計算が大きく狂ったり、自分の人生観が変わったりと、その時点では想像もつかないような影響を投げかける可能性が高いのである。

この「ペオース」には、北欧神話の中では「ロキ」が当てられている。ロキは狡猾（こうかつ）で悪知恵が働き、いたずら心や狭（せま）い心が原因で、次々と神々を困らせたり、不幸に陥（おとしい）れたりした。ロキの周辺にはどんな驚くような出来事が起こるのか、神々にも想像がつかず、まさに北欧神話の中のトリックスター的な存在だった。突拍子（とっぴょうし）もない行動で周囲を驚かせるロキのその意外性は、まさにこの「ペオース」のルーンと共鳴するものがある。

また、このルーンには「隠されていたものが明らかになる」という意味や、サイキックな能力を示す場合もある。このルーンの性質からして、サイキックな能力とは、火のエネルギーを持つ火星の性質に近い、ヒラメキなどの直観型のサイキック能力を指していると考えられる。

正位置

占いの意味

◇ 一般

偶然の出来事が、状況を好転させる。降って湧いてきたようなラッキーチャンス。ギャンブルでは成功する可能性が高い。深い思考よりも、直観に頼って動くと成功するとき。自分でも驚くような、意外性の高い結果が訪れる。予想もつかなかった出来事。

◇ 恋愛・結婚

偶然の出会いが、恋のキッカケになる。出会ってすぐに交際が成立し、運命を感じる。自分でも意外と思うタイプの人との恋愛。お互いに運命の人だと実感する。思い切って告白して、成功する。相手の気持ちに出た場合は、この恋に運命を感じている。

◇ 仕事

意外な仕事が回ってきて、それが自分の新たな才能を引き出す。思い切った投資が成功する。一か八かの勝負に賭(か)けて、成功する。運を天に任せると、良い結果になる。思いがけない結果になるが、結果的にそれがプラスになる。新しい分野への挑戦。

◇ 対人関係

偶然がキッカケで出会い、親しくなる人。懐かしい人に、偶然バッタリと出くわす。身近な人の意外な一面を発見する。運命を感じる人と、縁ができる。一時期仲良くなれるものの、長続きしにくい交際。会合やレジャーは意外性の高い出来事が多く、楽しめる。

◆ 願いが叶うか

そんなに大きな願いでなければ、叶う可能性は高い。特にギャンブル的なことに関しては、ラッキー要素が強い。ただし大きな願いを叶えるほどのパワーに欠ける。

今のあなたへのメッセージ

最近のあなたは、ちょっと考えが堅くなっていませんか？　例えば自分のスケジュール表をびっしりと埋めては、それを全て完璧に片づけなければ気が済まなくなっていたり、恋愛をするなら、信頼の置けるよく知っている人でなければダメだと決めつけていたり……。ただし今のあなたには、目を丸くしてしまうようなハプニングが訪れようとしているのです。それは、あなたが全く予想していなかった形で訪れるでしょう。ですから常識を捨てて、どんな偶然も受け入れる柔軟性を持っていてください。

逆位置

占いの意味

◆ 一般

一か八かの勝負に出て、失敗する。突発的な出来事によって、状況が悪化する。意外な出来事が、進む道を妨害する。予想外の悪い出来事に、驚かされる。ツキから見放される。知りたくなかったことを知ってしまう。知られたくなかったことが知られてしまう。

◇ 恋愛・結婚

連絡が取れたり取れなかったりの、不安定な交際。隠していた交際が、周囲にばれてしまう。予想外の悪い展開を迎えて驚く。偶然出会った人で妥協(だきょう)して、後悔する結果になる。長続きしない交際。相手の気持ちに出た場合は、不安定な恋愛感情。何かで驚いている。

◇ 仕事

事業の展開が、予想外に悪い方向へ進む。投機や投資で失敗して、損をする。計画性を無視した仕事で、失敗する。上手い話に乗せられて、大きな損害を被る。仕事が予定通りに進まない。仕事仲間の中で、裏切り者が出る。二転三転する不安定な経営状況。

◇ 対人関係

言っていることがコロコロ変わる、嘘(うそ)の多い人物。新しく出会った人に、振り回される。金銭目的で接近してくる人がいる。その場限りの、一時的な交流。真の友情を感じられない交際。約束をキャンセルされる。話があちこちへ飛び、有意義な話し合いができない。

◇ 願いが叶うか

その願いが叶う可能性は低い。それはその願いに対してあまり執着がないか、気紛(きまぐ)れなものであるからかもしれない。本当に願っているのか、確認し直すと良い。

今のあなたへのメッセージ

「そのうちに自分にも、ラッキーチャンスが降って湧いてくるはず……」。あなたはそんなふうに、偶然の出来事に大きな期待をかけてはいませんか？　確かにあなたには今後、いくつもの偶然の出来事が訪れるでしょう。ただし残念ながら、一番期待している出来事というのは、ただ漫然（まんぜん）と待っているだけでは訪れないのです。今のあなたが幸せをつかむためには、自ら勇気を出して行動を起こさなければいけません。努力をするのがみっともない、と思うくらいなら、ラッキーチャンスを期待しないことです。

EOLH
エオロー

キーワード ヘラジカ

文　字 Z

西洋占星術 蟹座、木星、金星

現代英語 Elks（ヘラジカ）

ルーン文字の説明

この「エオロー」も、「ペオース」と同様に、正確な意味がハッキリと伝わっていないルーン文字で、様々な説がある。その中で一番有力な説は、この文字の形を頭や角に見立てた「ヘラジカ」を象徴するというものである。その他にはスゲや葦などの植物を表すという説や、魔法の杖をかたどっているという説、橋を表すという説もあるようだ。ここで出てくる橋というのは、北欧神話に登場する神の世界「アースガルズ」と人間界の「ミズガルズ」をつなぐ、「虹の橋ビフレスト」のことを示している。どの説を

合わせて考えても共通点がなく、意味を統一することは難しい。ここでは一般的に占いで使われている「ヘラジカ」をキーワードに使用した。

ヘラジカは鹿の中で最大で、高さが2メートルを超えるものもいる。スカンジナビアも含めた寒い地帯の針葉樹林に広く生息し、雄はまるでヘラのような立派な角を持つことから、この名前がつけられた。この大きな角は、狼などの天敵から身を守るときや、雄同士が雌を取り合うときの闘いなどに使うようだ。現在は、このヘラジカはスウェーデンやノルウェーで「森の王」と呼ばれ、幸運を象徴する動物として様々なグッズが販売されるなど、北欧の人々から愛されている。

ヘラジカの角が、我が身を守るために存在するということから、そして「エオロー」の象徴の一説である魔法の杖が、呪いや悪霊、邪念など悪いものをはね退けるという発想から、このルーンには「保護」や「防御」という意味が第一に与えられている。そのイメージは強く、現在でも魔除け用の護符として、この文字はしばしば使われているようだ。

西洋占星術で当てはめられている蟹座は水の性質で、やはり保守的な性質を持つ。警戒心が強く受け口が狭い性質がプラスに働き、自分に悪影響を与える邪悪なものは直感的に避け、無縁でいられるのである。

ただし、この「エオロー」は、ただ単に悪いものを排除して無難に過ごすという消極的なイメージではなく、それによって大きな幸運が訪れるという、ラッキー要素の強いルーンである。悲喜こもごもの人生の中で、悪い状況から身を守れるというだけで、日々を楽観的に捉え、心の底から幸福を享受する人生を送れるのだろう。

また、「エオロー」には「保護」という意味の他に、「友情」という意味も与えられている。鹿は基本的に群れをなす野生動物であるが、象徴とされているヘラジカに関していえば、群れを好まない単独性の高い動物である。そのためこのルーンの「友情」という意味は、他の説である植物が群生する姿や、「虹の橋ビフレスト」が世界をつなぐ架け橋になっている点から発生したのかもしれない。

このルーンの意味に「情熱をコントロールする」と書かれたテキストもあるように、必要以上に熱くなることのない、爽(さわ)やかな友情や周囲の状況を示しているのだろう。

正位置

占いの意味

◇ 一般

邪悪な物事から守られている。苦手な状況から、離れることができる。安全な状況に身を置く。周囲と協調し合い、物事が順調に進んでいく。友人と楽しむ趣味やレジャー。爽(さわ)やかで物事にこだわりのない精神状態。楽観的で、楽しい状況を求める精神状態。

◇ 恋愛・結婚

友情に近い、爽(さわ)やかな恋愛感情。グループ交際。友達からの紹介で良い人と出会える。告白しても曖昧(あいまい)な結果になりがちだが、友達にはなれる。苦手な人が、自然と離れていく。相手の気持ちに出た場合は、恋愛感情というより、友情に近い感情を持っている。

◇ 仕事

取引先と友好的に話を進められる。好意的で良い取引先に恵まれる。

大勢でメリットを分かち合いながら進める仕事。会社を守るために、セキュリティーなど設備を強化する。同僚との関係が順調に進む。上司と膝（ひざ）を割って話すことができる。

◇ 対人関係

傷つけようとする人々から、自然と隔離される。苦手な人と、自然に縁が切れる。気さくな人が多く、リラックスして過ごせる。新しい友人や仲間に恵まれる。共通の趣味を持つ人達。友人から良い話を紹介される。友人がそのまた友人を呼び、人脈が広がる。

◇ 願いが叶うか

その願いが叶う可能性は、まずまず高い。ただし自力だけではなく、周囲の協力が必要となる。普段から人脈を大事にすることで、さらに願いの実現に近づくだろう。

今のあなたへのメッセージ

「自分を守ること」……これが今のあなたにとって、一番必要なことです。あなたは自分を故意（こい）に傷つけようとする人に自分から接近していったり、オープンになりすぎて、誰かれ構わず全てをさらけ出していたりしませんか？　あなたの周りに集まってくる人達の中には、いい顔をしていても、裏では妬みや見下しなどのネガティブな感情を持っている人がいるかもしれないのです。信頼できる人かどうかが分かるまでは様子を見る、そんな防御の姿勢を身につけてみましょう。

占いの意味

◇ 一般

無防備さが原因で、損な立場に立たされる心配がある。周囲から搾取され、損をする。スポーツや旅行中のケガには要注意。詐欺や盗難に遭う心配がある。孤立無援で物事に取り組まなければならない。自然と独りよがりな態度を取りやすいので自重を。

◇ 恋愛・結婚

不誠実な人の甘言に乗せられる心配がある。防衛心の強さが災いして、恋が進展しない。ただの友達から愛情を示されて、困惑する。友達以上には発展しない関係。自分だけが犠牲になる恋愛。相手の気持ちに出た場合は、恋愛に関して自分を防御している状態。

◇ 仕事

大きな儲け話に乗せられ、失敗する。会社のセキュリティーが甘く、損害を被る。信用できない取引先。周囲と足並みを合わせるのが、苦痛に感じる。チームで取り組む仕事では、孤立しやすい。仕事仲間と思っていた人が、裏切りの行為に出る。

◇ 対人関係

自分勝手な言動が原因で、友情にヒビが入る。グループ内でなじめずに、孤立する。悪い仲間に、悪事をそそのかされる。友情を持ち合えない関係。その場限りの交際。他人の得のために、自分が犠牲になる。新しい出会いの中に、信用できない人物がいる。

◇ 願いが叶うか

その願いは叶えられないようだ。それは願いの内容が独善的なもので、周囲の協力を得られないからと考えられる。願いの内容を見直してみた方が良い。

今のあなたへのメッセージ

今のあなたにとって一番といっていいほど必要なのは、「友達」「仲間」という存在です。あなたは自分が独りででも、十分に生きていけると感じているかもしれません。それでも心の奥底では、共感を持ち合えるような仲間意識を強く求めているのです。あなたは大勢の中にいると、何となくその輪の中に入っていくことに抵抗を覚えるかもしれませんが、それは逆に「自分を特別な人間だと認めて欲しい」という願望の表れなのです。仲間の輪の中に入るほど、あなたは「特別な人」だと認められるはずです。心を開き、周囲に意識を合わせてみてください。

SIGEL
シゲル

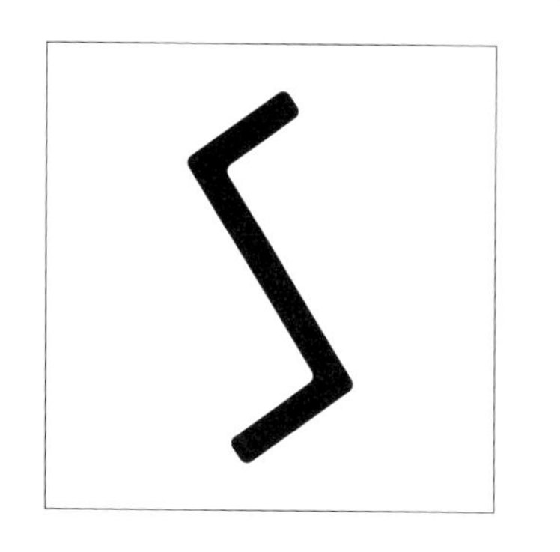

キーワード	太陽
文　字	S
西洋占星術	太陽
現代英語	Sun（太陽）

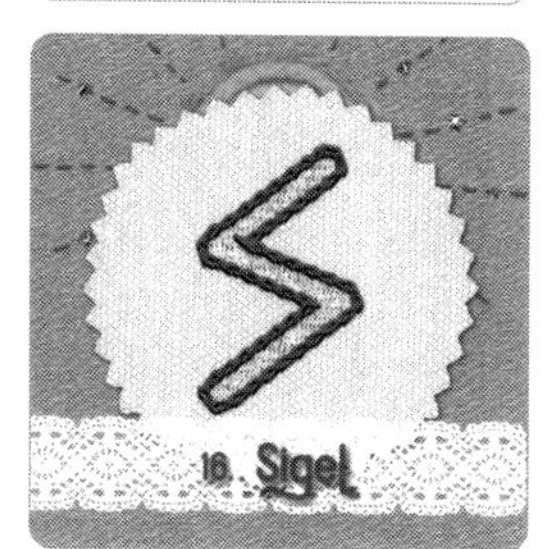

ルーン文字の説明

「シゲル」は太陽を象徴し、その上を向いたS字型のような文字の形は、太陽光線が地上に降り注ぐ姿をかたどったものであるといわれている。

太陽は、地球の全ての生命を育むために必要な絶対的エネルギーであり、様々な恩恵を与えてくれるものである。特に寒さの厳しい北欧では、太陽から降り注ぐ熱や光は、我々が感じる以上に非常に有難いものだったに違いない。真夏は一日中太陽が沈まない白夜がある反面、真冬は一日中太陽が昇らない日が何日か存在する。ただし白夜の日は、太陽が沈まないからといって、どんどん気温が上昇して暑くなっていく……ということはない。夜の太陽は光線が弱く、深夜はかなり気温が下がるのである。

短い夏が去っていくのを惜しむかのように、一番日が長い夏至に最も近い土曜日は、毎年大々的に夏至祭が執り行われる。特にスウェーデンのダーラナ地方の夏至祭は有名であり、観光客がたくさん訪れるのだ。そして太陽を存分に拝める貴重な白夜の頃を過ぎると、早くも冬の準備に入らなければならないのである。

寒冷地域に住む人達だけではなく、世界中の人々が太陽を神のように崇め、偉大な存在として認めてきた。ギリシャ神話では「ヘリオス」と「アポロン」、エジプト神話では「ラー」、日本神話では「天照大神」が、太陽神として有名である。その他の世界中の神話の中に、太陽神はほぼ必ず存在している。北欧神話の中で神々の世界を照らしている太陽は、「ソール」という名を持つ女神である。ソールはいつも狼に追われ、猛スピードで走り続けていなければならず、そのため空に出たと思ってもすぐに西に沈んでしまう……と考えられていた。そして最終的には今現在輝いている太陽を産み落とした後に、狼フェンリルにつかまり、飲み込まれてしまう。

北欧神話でもう一人、「シゲル」に関連づけられているのは、トールの妻であり長くて美しい金髪を持つ「シフ」である。シフは北欧神話の中で特別に目立った活躍をする訳ではないが、その誰もが目を見張るような輝く金髪が、太陽光をイメージさせるのだろう。

夜が明ければ太陽光が全てを明るく照らし、その殺菌能力が場を浄化し、全ての生物の心身を輝かせるように、この「シゲル」にはかなりポジティブな意味が与えられている。タロットに詳しい人であれば、タロットカードの「太陽」の意味と、ほぼかぶると考えて良い。健康でエネルギッシュな状態、喜びと楽しさに満ちた、輝くような精神状態、明るく快活な状況、成功や願い事の実現など、まさに太陽のイメージの曇りのない世界が、目の前に展開されることを暗示しているのである。

占いの意味

◇ 一般

夢や希望が、理想通りの形で実現する。夢や目標に向かって、楽しく前進できる。バイタリティーや強い生命力を持っている。未来への夢と希望に満ちあふれている精神状態。明るく屈託（くったく）のない精神状態。心から楽しめる趣味やレジャー。良い健康状態。

◇ 恋愛・結婚

お互いに嘘（うそ）や隠し事のない、信頼できる交際。一緒にいると明るく元気になれる相手。有名な人と親しくなれる。デートは楽しいが、甘いムードにはやや欠ける。愛情を伝えて、受け入れてもらえる。結婚できる可能性は高い。相手の気持ちに出た場合は、強く信頼している。

◇ 仕事

実力を発揮して、多くの人から注目を浴びる。才能や業績を褒（ほ）められ、さらに自信がつく。有名になり脚光（きゃっこう）を浴びる。理想通りの成果を出せ、深い満足感を味わう。楽しく働ける明るい職場。職場内でスター的存在になれる。憧れていた職種に就（つ）ける。芸能関係。

◇ 対人関係

隠し事をすることなく、明るく本音を出し合える交流。楽観的で強運を持つ人達。友人知人とのレジャーは、アクティブで楽しいものとなる。笑い声が絶えない楽しい会合。憧れていた人と縁ができる。裏表のない、公明正大な性格の人。有名人や社会的成功者。

◇ 願いが叶うか

幸運に恵まれ、願いが叶う可能性は非常に高い。それはその願いに対する思いが真剣だからだろう。このまま流れを変えずに、その願いを抱えていると良い。

今のあなたへのメッセージ

今のあなたは、ネガティブな感情から抜け出せなくなっているようです。それは決してあなたが悪い訳でも、何か凶悪な運命があなたの行く手を阻（はば）んでいるからでもありません。あなたは「運が悪い」「自分が悪い」という強い思い込みに、はまってしまっているだけなのです。そんなあなたが今必要としているのは、外に出て行くこと、太陽の光を浴びること、そして元気に笑うこと。閉じこもっていると、ますます落ち込むという悪循環にはまります。まずは光を求めて、ドアを開けてみましょう。

※正逆が同じ形の「シゲル」に逆位置はなし。

TIR

ティール

キーワード テュール神

文　字 T

西洋占星術 天秤座、火星

現代英語 Tyr（テュール神）

ルーン文字の説明

「ティール」は、北欧神話の中の「軍神テュール」が象徴であり、その文字の語源となっている。アングロサクソンのルーン詩のみで「道しるべ」と意味づけされているが、それは異教の神を避けるキリスト教の影響からである。

テュールは北欧神話の神々の中でも、非常に勇敢な男神(おがみ)であった。神話の中で一番有名な彼のエピソードは、狼(おおかみ)のフェンリルに右腕を噛み切られたことだろう。

悪神ロキとアングルボザという女巨人との間に、魔物の狼のフェンリルが産まれた。

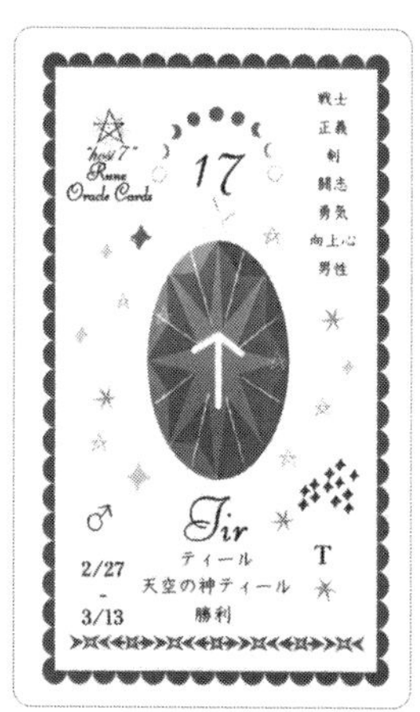

フェンリルはアース神の管理下に置かれたが、巨大で獰猛なため多くの神々から恐れられ、誰も近寄ろうとはしなかった。そんな中でテュールだけが、フェンリルに餌を運ぶ勇気を持っていたのである。

神々はこの乱暴者のフェンリルを何とか縛り上げようと、様々な工夫を試みた。そして魔法を使い、決して切れることのない細い紐を作り上げ、フェンリルに「このくらいの紐は切れるだろう、その怪力を見せてみろ」などといいながら、縛られるようにそそのかしたのである。フェンリルは「誰かが自分の口の中に片腕を入れておくなら、試しに縛られてもいい」と答え、どの神も躊躇する中、テュールがその役をかって出た。果たしてフェンリルは魔法の紐で縛られて身動きが取れなくなり、その代償として、テュールは大事な右腕を噛み切られ、失ったのである。

彼の名誉は大きく称えられている。それは、その名が「火曜日」を意味する英語の「Tuesday」として残され、現在になっても世界各国で使用され続けていることからしても、想像がつくだろう。

『古エッダ』の「シグルドリーヴァの歌」の中に、次のような台詞がある。

> *「勝利を望むならば、勝利のルーンを知らねばなりません。剣の柄の上に、あるいは血溝の上に、または剣の峰に彫り、二度テュールの名を唱えなさい。」*

ここに出てくる「勝利のルーン」とは、この「ティール」でまず間違いはないだろう。それだけテュール神は、戦いの勝利をもたらす神として、戦士達から信頼され、崇(あが)められていたのである。明日にでも死ぬかもしれないという追い詰められた状況に置かれた戦士達は、きっと万感の思いを込めて、自分の武器にこのルーン文字を刻(きざ)んだに違いない。

ただしこの「ティール」は、これから戦う状況に置かれる者、もしくは戦いを求める者にとっては、勇気と闘争エネルギーという、大きな加護を与えるルーンであるといえるが、穏やかに物事を進めていきたい人にとっては、あまり有難いものではないかもしれない。それはこのルーンが占いで出たときは、状況に波風が立つことは必須だからである。例えそれが正位置であったとしても、自分もしくは誰かの怒りの感情を示す場合もあるのだ。

いつまで経っても、世界から戦争がなくならないのは何故だろうか。それは人間が原始から持ち続ける闘争心という本能が、簡単に消えるものではないからかもしれない。

正位置

占いの意味

◇ 一般

闘争心を燃やして、勝利を収める。強い意志と勇気が、敵を打ち負かす。困難を恐れずに、果敢に突き進む。あふれんばかりの能動的エネルギー。目標に向かって猪突猛進(ちょとつもうしん)する。勝利を収めて、名誉を手に入れる。強い攻撃欲求を持っている。戦争。

◇ 恋愛・結婚

積極的に愛を示してくれる人が出現する。もしくは自分から愛情をストレートに示す。思いやりを欠く、攻撃性の高い恋愛感情。強いライバル意識。ライバルを打ち負かすことができる。略奪愛の成功。相手の気持ちに出た場合は、強い支配欲求もしくは怒りを感じている。

◇ 仕事

ライバルを打ち負かし、昇進する。スピーディーな出世。トコトン実力を磨き上げる。ひとつの仕事に全エネルギーを注ぎ、成功を収める。競争する相手が多いほど燃える。逆境になるほど力が出る。オーバーワークで体調を崩さないように注意。

◇ 対人関係

部下や後輩から尊敬される。目上の人の反感をかいやすい点は要注意。リーダーシップを取れる。目標に意識が向きすぎて、他人の気持ちに鈍感になる。攻撃的な言動で人を傷つける。ワンマンな行動が増え、周りの人達がついてきにくい状態。

◇ 願いが叶うか

願いが叶う可能性は高いが、何かしらの犠牲が伴う。それは自分以外の誰かを深く傷つけることかもしれない。願いが叶うことにより、誰かが不幸になるようだ。

今のあなたへのメッセージ

あなたが今、平和で穏やかな日々を求めているのであれば、それは時期尚早のようです。「あなたは戦わなければならない」と、このルーンは告げているのです。その戦いとは、今が勝負どきなので仕事で踏ん張らなければならないとか、自分を高めるために習い事や資格取得のためにエネルギーを注ぐ必要があるとか、そんな感じのことでしょう。それは今、あなたにはそうした力が潜在しているため、その力を使うべきだからです。のんびり過ごすのは、その後でも十分でしょう。

逆位置

占いの意味

◇ 一般

意志の弱さと気迫のなさで、勝負に敗北する。気合いが入らず、戦う前から諦めてしまう。エネルギー不足で、すぐに疲れを感じる。ヤル気や情熱が薄れてくる。自分の過失を他人や環境のせいにする。困難な状況を打破できない。ケガや病気に要注意。

◇ 恋愛・結婚

激しい恋のライバル争いに巻き込まれる。勇気がなく愛情を伝えられない。すぐに諦めてしまう恋。情熱が冷めてくる。思いやりに欠け、衝突が多い交際。相手から恨まれる心配がある。相手の気持ちに出た場合は、恋愛を進める気力に欠けている。

◇ 仕事

ライバルとの競争に負かされてしまう。成績が思うように上がらない。実力を認められず、ヤル気を失う。ギスギスした雰囲気の職場。努力を放棄し、不正で成功しようとする。強いライバル意識をぶつけられて戸惑う。職場での体調不良やケガに注意。

◇ 対人関係

思いやりに欠けて、口論になったり嫌味をぶつけ合ったりする交際。強気な態度の人に圧倒される。弱気な態度が災いして、見下される。思いがけないことで人を怒らせてしまう。連絡をするのが億劫になっていく関係。会合では無駄な口論になりがち。

◇ 願いが叶うか

積極的になれないため、その願いは叶いそうにない。また、その願いの内容が無謀すぎるということも考えられる。再度願いの内容を、見直す必要がある。

今のあなたへのメッセージ

あなたの潜在的なエネルギーは、かなり低下しているようです。それは普段から「頑張らなければ」と自分に鞭を打っているからではないでしょうか？　自分ではまだまだ行けると思っていても、実はかなり心身が疲労困憊しているのです。そんな今のあなたに必要なのは、とにかく休息してエネルギーを蓄え直すということ。そのためには、まずはピリピリととがったその精神を休めなければなりません。温泉でゆったり過ごしてもいいし、家でゴロゴロ過ごすのだっていいのです。少し緊張の糸を緩める時間を増やしてみてください。

BEORC
ベオーク

キーワード 白樺
文　字 B
西洋占星術 乙女座、月、木星
現代英語 Birch（樺の木）

ルーン文字の説明

「ベオーク」には基本的に、白樺の木、もしくは樺の木という意味が当てはめられている。白樺は針葉樹が多い北欧の中においては貴重な広葉樹であり、フィンランドでは国樹に指定されるほど、北欧の人々に愛されている樹木である。その枝は「命の枝」とも呼ばれ、サウナで白樺の若い枝葉をまとめたもので体を叩くと、体内の老廃物が外に出ていくなどして、健康に過ごせると言い伝えられているようだ。

また、白樺は雪解けの時期になると土から水分を吸い上げ、幹の中を満たす。それが栄養豊富な樹液となり、凍えて過ごしてきた人達にとっての大事なエネルギー源になるのである。また、白樺の木で家や家具が造られたり、その葉はお茶になったりと、木は余すことなく使われる。こうして多くを生み出す白樺には、大地の母のようなイメージがあり、そうしたことからこのルーンには、「母性」という意味が根づいている。このルーンを横にすると、母性を思わせる豊かな乳房にも見えるだろう。

西洋占星術では、やはり母性を表す月がこのルーンの支配星とされている。西洋占星術では、独身女性のことは金星が司るが、既婚で妻や母になると、それが月へ移行するのである。また、タロットの「女帝」には、しばしば妊娠している女性が描かれ、このルーンと似た雰囲気を感じさせる。

北欧神話では、この「ベオーク」には、オーディンの妻であるフリッグが当てはめられている。フリッグは女神の中の最高位に位置するが、決して慢心することなく、多くの女神達を上手に統括し、それと同時にオーディンを脇から支え続けていた。

フリッグの母性の豊かさを感じさせる一番大きなエピソードとして、フリッグの息子であるバルドルの死の話が挙げられる。

ある日、バルドルは自分が死ぬという不吉な夢を見た。それを知ったフリッグは、世界中を歩き回り、火、水、あらゆる金属、石、大地、樹、病気、あらゆる動物に、バルドルに決して危害を加えてはいけないという約束をさせた。それでも結果的には、悪神ロキの巧妙な手口により、唯一約束をしていなかった弱いヤドリギが体に刺さり、バルドルは命を落としてしまう。神々が悲しみに暮れている中、フリッグは気丈にも、ヘルという魔物がいる黄泉の国へ行って身代金を渡し、バルドルを返してもらおうと発案するのである。

「母性」という意味が広がり、このルーンには「家族」という意味も含まれている。また、健康体を招くと伝えられている白樺の枝が示すように、自分や家族の健康にも縁の深いルーンである。古アイスランド語のルーン詩では「保護者」という意味が与えられ、何かを始めたばかりの人や、何かを進行中人にとっては、安心できる状況を意味する。まるで母親からミルクを与えられている赤ん坊のように、物事がすくすくと育っていくことを暗示しているからである。

正位置

占いの意味

◇ 一般

母性愛や父性愛を感じる出来事がある。始まったばかりの物事が、順調に成長していく。何事も穏やかに育っていく。穏やかで心温まるひと時を過ごすことができる。守りたいと感じるものが出てくる。家庭内に関する嬉しい出来事がある。良い健康状態と家族関係。

◇ 恋愛・結婚

母性本能や父性本能をくすぐられる相手。何かと尽くしてくれる、優しい相手。年下の人に甘えられる。思いやり合う、慈愛(じあい)心に満ちた交際。穏やかに愛情を育んでいく２人。結婚までたどり着ける交際。相手の気持ちに出た場合は、母性に近い愛情を持っている。

◇ 仕事

始めたばかりのプロジェクトが、着実に育っていく。仕事のスタートが順調に切れる。穏やかに進む仕事。穏やかな気持ちで取り組める仕事。部下が順調に力をつけていく。職場の人間関係は、慈愛に満ちた良いムードである。協調性のある仕事仲間と、楽しく働ける。

◆ 対人関係

面倒見が良くなり、それが好評を得る。年下の人や後輩から、何かと頼られる。お互いに相手を心配し合う、深い友情。母子関係。家族関係。家族と心温まる穏やかな時間を過ごせる。家族に関する嬉しい話が入る。崩していた家族の体調が、回復する。

◆ 願いが叶うか

少し時間はかかるものの、願いが叶う可能性は高い。特に大切な人に関する願いは、叶えられるだろう。身近な人に、願いの実現のための協力を要請すると良い。

今のあなたへのメッセージ

心の奥では、まだ癒(い)えていない過去の傷が、あなたを苦しめているようです。それは自分自身で心の奥底に閉じ込めてしまい、そう簡単には引き出せないものかもしれません。一度そのときの自分に戻って、今の自分からそのときの自分へと、優しいメッセージを送りましょう。今あなたが潜在的に求めているのは、母性的な存在なのです。それは母親そのものかもしれませんし、もっと世界を包み込むような大きなエネルギーかもしれません。母親のような優しさにくるまれるために、自分の母性で辛(つら)かった頃の自分をそっと包んであげてください。

逆位置

占いの意味

◆ 一般

新しく物事をスタートできない。始めたばかりの物事は、勢いが足りずに頓挫(とんざ)してしまう。甘え心が強い点が、物事の成長を大きく阻(はば)む。

何かを始めても、尻すぼみに終わってしまう。緊張感がなく、だれた精神状態。家庭内でのトラブル。健康状態の悪化。

◇ 恋愛・結婚

交際期間が長くなるほど、弱気になっていく２人。相手に世話を焼きすぎて、失敗する。興味のない人にしつこくされて、ウンザリする。長く続かない愛情。結婚の話は出ても、実現は難しい。相手の気持ちに出た場合は、甘えの気持ちが強く、恋に対する努力を放棄している。

◇ 仕事

新しいプロジェクトを、なかなかスタートできない。始めたばかりの事業は、次第に勢いを失っていく。家族の存在が、仕事の障害になる。部下や後輩のヤル気のなさが、自分の足を引っ張る。仕事に対する集中力が出ない。だらけた雰囲気が漂う職場。マンネリ感。

◇ 対人関係

家族の中で口論が絶えず、心が休まらない。心が通い合わない親子。どちらか一方が、相手に一方的に寄りかかる交際。惰性で交際し、会っても新鮮味がない人。共に受け身で、発展性のない人間関係。交際範囲が狭くて広がらず、刺激を感じられない。

◇ 願いが叶うか

その願いは叶わないようだ。それはその願いが叶っても、人生自体が自堕落になるなど、決して自分のためにはならないからだろう。願いを見直す必要がある。

今のあなたへのメッセージ

このルーンが今のあなたに告げているのは、「甘えを捨てなさい」というメッセージです。あなたはいつも一生懸命に生きていて、決して自分は甘えているなどとは思っていないかもしれません。それでも気がつかないうちに、何かあるごとに周囲の人達にすがってしまうあなたが存在しているようです。それは、いつも忙しい友達に電話をかけて、自分の愚痴を延々と聞いてもらっていることかもしれませんし、家族やパートナーに不機嫌に接して、八つ当たりをしていることかもしれません。辛いときには、自分で自分を励ましてみること……そんな場面が必要なのです。

EOH
エオー

キーワード 馬
文　字 E
西洋占星術 双子座、水星
現代英語 Horse（馬）

ルーン文字の説明

「エオー」は「馬」を象徴し、全てのルーン文字の中で一番といっていいほど、スピード感のあるルーンである。「乗り物」をキーワードとしている「ラド」の項目でも記載したように、ルーン文字が形成された時代に一番早く目的地へたどり着ける手段は、馬を使って前進することだった。「ラド」は乗馬という意味も持ちながらも、馬車をつけて旅行をするイメージの方が強いルーンである。馬車をつけるとその重量から、一頭の馬ではスピードを出すのに限界が出てきてしまう。この「エオー」が示す形のように、人間が直接馬に乗って走らせる方が、馬車よりもずっと小回りが利く上にスピードも出るのである。よってこのルーンは、「ラド」よりもさらにスピード感が高いルーンであると考えていいだろう。

北欧神話では、このルーンにはオーディンの馬である、「スレイプニル」が当てはめられる。スレイプニルには「滑走するもの」という意味があり、灰色で8本の足を持っている馬である。『古エッダ』には、神話の世界の馬の中では、最高の馬であるという記述がある。ただし『古エッダ』の「ヒュンドラの歌」の中に、スレイプニルはロキの子供である、ということも書かれている。オーディンは自分の分身のように、ことあるごとにこのスレイプニルに乗って移動していたようだ。

また、「ベオーク」の項目で記載した、オーディンとフリッガの息子バルドルが死んだ場面でも、このスレイプニルが活躍する。「俊敏のヘルモーズ」と呼ばれるオーディンの息子がスレイプニルを貸し与えられて乗り、バルドルを連れ戻しに冥界へ旅立つのである。スレイプニルは冥界の中にでも、進み入ることができるのだ。そして、バルドルを連れ帰ることができる手応えをつかむのである。

「エオー」が占いに出たときには、物事が予想以上に、素早く展開していくことを示している。それも希望していた方向に動いていくと、期待していて良いだろう。また、知りたい結果を早く知ることができるということも暗示している。

ただし、このスピード感を持つ「エオー」に、全面的にポジティブな意味がつけられているのは、まだルーン文字が形成された時代の動きがスローテンポだったから、といえるかもしれない。

時代を重ねるごとに人々が動くスピードは速まっていることを、あなたは実感できるだろう。流行はほんの一瞬で次の流行へと移り変わり、今日世間を騒がせた出来事は、明日にはきれいに忘れ去られてしまう。誰もが時間を少しでも無駄にせぬようにと、短時間にたくさんのすべきことを詰め込み、頭と体を休めることなく動き回っている。

一体そんなに急いで、人々はどこへ向かっていくのだろうか。速ければ速いほど良いというのは、そろそろ考え直さなければいけない価値観なのかもしれない。

正位置

占いの意味

◇ 一般

物事が良い方向へ変化し、スピーディーに展開していく。早い段階で、物事が望み通りの展開になる。素早い決断や決定。思い立ったら即行動する姿勢がある。何事も前向きに考えられる。問題は解決に向かっていく。遠出をする機会に恵まれる。

◇ 恋愛・結婚

出会いからスピーディーに進展していく恋。意外な人から、急にアタックされる。初対面で気に入られ、デートに誘われる。新しい出会いに目を向けるべきとき。ドライブなどの開放感あふれるデート。相手の気持ちに出た場合は、もっとこの恋に近づきたい気持ちが強い。

◇ 仕事

予想以上にスピーディーに進む仕事。即断即決の姿勢が、功を奏して好結果を呼び込む。停滞していた仕事が急速に動き出す。仕事が良い方向へ変化する。転職が成功する。異動を通して、状況がさらに良くなる。早く進めようと心がけるほど、良い結果になる。

◇ 対人関係

出会ったばかりでも、意気投合してすぐに親しくなれる。懐(なつ)かしい人や遠方に住む人から、突然連絡が入る。人を訪ねるために旅行をする、もしくは人から訪ねられる。せっかちで開放的な人。信頼できる友達。友達との外出は、有意義なものになる。

◇ 願いが叶うか

比較的早い時期に、その願いが叶う可能性は高い。動かずに待っていると良い。ただし叶った瞬間に興味を失い、また次の願いが出てくる可能性もある。

今のあなたへのメッセージ

「今が動くとき」……このルーンは、そうあなたに告げています。もしかしたら今のあなたは何かやりたいことがあるのに、そのうちにやろうと思いながら、何となく先延ばしにしてしまっているのではありませんか？　あなたはそれを実行することで、自分の精神的成長を遂(と)げられることに、しっかり気がついているはずです。今は慣れた安楽な環境に身を置くときではありません。波風を立たせることはストレスもつきまといますが、それ以上のものも得られるのです。勇気を出して、足を前に踏み出してみましょう。

逆位置

占いの意味

◇ 一般

深く考えずに動いて失敗する。せっかちになりすぎる。今はまだ動くべきときではないことを暗示している。スピーディーに自分から離れていく物事。物事が望まない方向へ変化していく。物事が計画とは違う方向へ変化していく。行動が裏目に出る。

◇ 恋愛・結婚

方向性をつかめず、思うように動けない交際。連絡が途絶え、一時的な交際になりがち。積極的に出会いを求めても、良縁を得られないとき。恋の進展を焦って失敗する。価値観が大きく違う2人。相手の気持ちに出た場合は、この恋に向かっていく意欲に欠けている。

◇ 仕事

計画とは違った方向へ、事業が進んでいく。思わぬハプニングがあり、方向を転換せざるを得ない。予定していたプロジェクトが変更になり、着手できない。慌(あわ)てて取り組み、小さなミスが多発する。深く考えずに仕事を進めて、後悔する結果になる。

◇ 対人関係

新しく人と出会っても、縁を先につなげられない。共に忙しくて、ゆっくり交流できない関係。話の行き違いが、人との関係を疎遠にさせる。第一印象で相手を判断して失敗する。その場限りの一時的な関係。他人からの援助を得られないとき。

◆ 願いが叶うか

その願いが叶う可能性は低い。その願う思いに永続性がなく、すぐ気が変わるからかもしれない。自分にとって、それほど重大な願いではないのだろう。

今のあなたへのメッセージ

自分では気がついていないかもしれませんが、今のあなたは少し先を急ぎすぎているようです。それは、自分以上に頑張っているライバルの存在が気になるからかもしれませんし、やりたいことがたくさんあるからかもしれません。それでも短期間で多くのことをこなすことには、あまり意味はないのです。むしろ本当に必要で大事な物事だけに、静かにエネルギーを注いでみましょう。時々ゆっくり深呼吸をして、自分が根本的に求めている大事なもの……そんなものと向き合ってみるといいのです。

MANN
マン

キーワード	人間
文　字	M
西洋占星術	木星、土星、ドラゴンテイル
現代英語	Man（人間）

ルーン文字の説明

このルーン文字の名前である「マン」は、同じ発音である英語の「Man」と同様に、「人間」を意味している。英語では男性だけを指す場合があるが、このルーンは老若男女全てを含めた人間であり、すなわち「人類」である。基本的には人々の社会での関わり合いを中心に表しているルーンである。

この文字をじっくりと見てもらうと、2人の人間が手と手を取り合っている姿に見えないだろうか。このルーンは決して単独の人間を示すのではなく、人と人とのつながりを示しているのである。

人間は無人島にでも住まない限り、生きていくためには、人との関わり合いが必須である。例えば食べ物を買うためには働いて金銭を得なければならず、そうなると否が応でも社会に出て、人々の中に入っていかなければならない。ひとつの仕事を取ってみても、それには多くの人の手がかかっていることに気がつくだろう。一人だけでできる仕事というのは、ありそうでいてなかなかなく、結局は人と人が力を出し合い、協力し合うことによって初めて、何かを達成することができるのである。

北欧神話の中では、神の国アースガルズと人間の国ミズガルズをつなぐ「虹の橋ビフレスト」を見張っている神「ヘイムダル」が、この文字のイメージに近い。

ヘイムダルは、神々の中ではそんなに華やかな存在ではないが、その役割は重要なものであり、目立たないながらも多くの神々の役に立っている。ビフレストの近くに館を持ち、そこから全世界を眺めて何か変異がないか見張り、夜は眠らず、目と耳は全世界の出来事を把握できるほど優れた力を持っている。そして最後の神々の戦いのラグナロクでは、ヘイムダルが世界樹ユグドラシルの下に隠してあった角笛を吹き鳴らして、その開戦を知らせるのである。

このルーンの支配惑星に土星が入っていることからも、「マン」は安定感があり、動きがゆっくりのルーンであることが分かる。また、土星は現実的な性質を持つ惑星である。そのため人とのつながりといっても精神的な面ではなく、現実的な部分でのつながりを意味している。例えば「相手の存在を思い浮べることで、心が温まる」という精神的なつながりのみの関係は、「マン」の範疇(はんちゅう)ではない。「マン」は、例えば友人が失業をしているときに良い求人情報を教えてあげるとか、自分の仕事が締め切りまで間に合いそうにないときに、暇(ひま)な人に手伝ってもらうとか、現実面で支え合える関係を指しているのである。もしかしたらそこに流れている心と心の交流は、そんなに深いものではないかもしれない。それでも社会でのつながりに関しては、精神面ではある程度ドライに割り切った方が、上手くやっていけることが多いものである。

正位置

占いの意味

◇ 一般

身近な人達と力を出し合い、何かを達成する。理性で物事にあたり、それが好結果を生む。金銭など物理的に援助し合う。人を助ける機会がある。義務感からの行動。感情を抑えて、大人として冷静に振る舞う。創造力や思考力を発揮して信頼される。

◇ 恋愛・結婚

仕事を通して出会いの縁が期待できる。信頼感が恋愛感情に変わっていく。信頼できる、誠意ある相手。歩調を合わせて、助け合いながら交際できる2人。結婚前提の真面目な交際。結婚にまで進む交際。相手の気持ちに出た場合は、人間として信頼している。

◇ 仕事

信頼を基盤にして、仕事が安定する。能力を認められて、良いポジションを与えられる。チームワークを組んでの仕事が成功する。ひとつの仕事を長く安定して続けられる。仕事上の良いパートナーに恵まれる。合理的な思考力で、的確な判断を下せる。

◇ 対人関係

お互いに足りない部分を支え合い、助け合う関係。パートナーと真剣な話し合いをする。パートナーの大切さを実感する。ビジネス上のみの合理的な関係。困ったときに、相談に乗ってくれる人がいる。ビジネスマンやキャリアウーマンと縁ができる。

◇ 願いが叶うか

少し時間はかかるが、その願いは叶う可能性が高い。ただし自力のみでの実現は困難なため、信頼できる協力者が必要なようだ。実現のための計画を立てると良い。

今のあなたへのメッセージ

あなたにどれほどの豊かな才能があり、少々のことではへこたれないような精神的強さがあったとしても、人間は独りで生きていくことは困難です。特に今のあなたには、精神的にも現実的にも、脇からしっかりと支えてくれるようなパートナーの存在が必要のようです。「独りが一番楽だから……」と、あなたは考えていませんか？　でも、決してそんなことはないのです。もし頼りたいと思える人がいるのであれば、素直に寄りかかってみてください。今までどこか無理をしていた自分に気がつくはずです。

逆位置

占いの意味

◇ 一般

頑固な態度が災いして、周囲から孤立する。困難に遭っても、援助が得られない。何でも独力で頑張る必要がある。人を信頼しないがために、自分も信頼されない。強がったり、自慢げな態度を取ったりしやすいとき。助言に耳を貸さず、独断で失敗する。

◇ 恋愛・結婚

友達や仕事仲間以上に進展しない相手との関係。恋愛対象として見てもらえない。価値観が大きく違っている2人。共通点が少なく、仲良くなるキッカケをつかめない。色気に欠ける点が、恋の進展を阻(はば)む原因。相手の気持ちに出た場合は恋愛対象としてではなく、友達や仲間として見ている。

◇ 仕事

ワンマンさが反感をかい、周囲の協力を得られない。完全に一人で取り組む仕事。仕事上のパートナーと意見が衝突する。平均以上の結果を思うように出せない。情報不足で、冴(さ)えない結果になる。自分のやり方に固執する。ライバルの存在が足手まといになる。

◇ 対人関係

横柄な態度を取るなど、自分から人を遠ざけてしまう。一人でも平気だという態度を取っていても、内心は寂(さび)しい。弱い立場の人に対して、強気に振る舞う。なかなか連絡を取り合わない友人知人。言葉と行動が一致しないため、人から信頼されない。

◇ 願いが叶うか

人望の薄いことが災いして、その願いは叶わないようだ。一人で叶えようと思わず、力のある人に援助を求めると良い。人に優しくすることも、運気上昇の鍵になる。

今のあなたへのメッセージ

あなたの精神はとても脆くてか弱くて、あなたはついつい、誰かに甘えたいと感じてしまうことでしょう。それは決して悪いことではないのですが、ときにはちょっと勇気を出して、自分自身の足だけで、しっかりと地面を踏みしめて立ってみたいものです。そうしてみれば、意外と辛さを感じることなく、むしろ自信がついて爽快な気分になることに気がつくでしょう。今のあなたは、意外と芯の強いしっかりとした人間なのです。そろそろ寄りかかっていたものから離れて、自分の足で歩き出してみてください。

LAGU
ラーグ

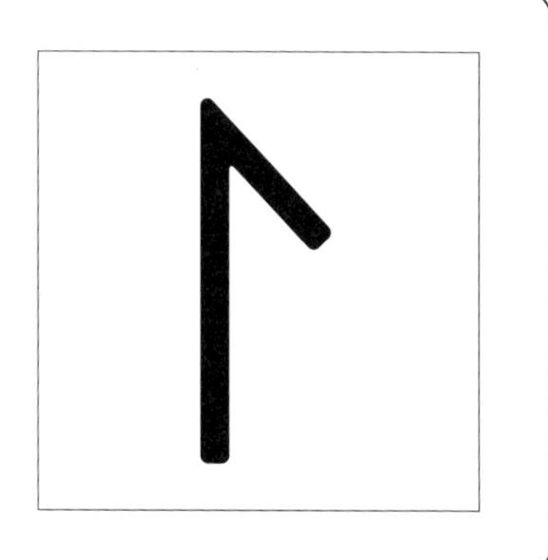

キーワード 水
文　字 L
西洋占星術 月
現代英語 Lake（湖）

ルーン文字の説明

「ラーグ」は四元素の中の「水」を象徴している。水は火と対極のものであり、火の要素を持つルーン文字の「ケン」と対照的な性質であるといえるが、寒さが厳しい北欧での価値観は、「ケン」の対極は氷の「イス」である。それは北欧神話が、火の国ムスペルスヘイムと氷の国ニヴルヘイムが衝突して創始されたことからも、想像できるだろう。

ギンヌンガガプという大穴の中の氷が、火の国の熱風に煽（あお）られて溶けて霧（きり）となり、この「ラーグ」が示す水が雫（しずく）として誕生した。そしてその雫から、巨人ユミルと牝牛アウズフムラが生まれ落ち、それが原点となって、北欧神話の世界が広がっていったのである。それを考えると、水である「ラーグ」は、北欧神話の世界においても全てのものを内包する、命の源（みなもと）といっていいだろう。

古代北欧のルーン彫刻師達は、火と氷と同様に、水もやはり大切な要素として考え、この「ラーグ」を重要視していたようだ。その証拠として、火の「ケン」も氷の「イス」も水の「ラーグ」も、16文字に減少された後期のヤンガーフサルクの中にしっかりと残され、長期にわたって大切にされているのである。

四元素の中の水は、地と共に女性性が強い元素として分類される。そしてこのルーンには、支配星として、やはり女性性が強い月が当てはめられている。太陽は意志によって行動を起こす男性性の強さがあるが、月は感情によって流されやすい性質を示しているのである。それは相手の感情に共感して、合わせることのできる柔軟さといえるかもしれないし、強い動きに簡単に翻弄（ほんろう）されてしまう、主体性のなさといえるかもしれない。水はどんな入れ物に入れても、その形の通りに自らの形も変えるように、周りの影響を大きく受ける元素といえるのである。

西洋占星術では、水は感受性の高さや霊感の強さ、想像力の豊かさなども象徴している。感性が豊かな分、内省的で、独りであれこれと考えることを好むが、決して孤独が好きという訳ではない。むしろ親しい人と密接な関係を築きたいと願う、愛情が豊かで粘着（ねんちゃく）性も高い元素なのだ。

アングロサクソンのルーン詩では、このルーンに「海」という

意味を与えている。「頼りない小舟に乗って大波に脅かされ、船という駿馬が手綱に従わない危険なとき、人間にとって海は果てしなく思われる」という内容の詩になっている。飲用や清浄に必要不可欠な水であっても、あまりにも大量に集まれば、それはときに人間がコントロールできないほどの大波乱を招くのである。

「ラーグ」が占いで出てくると、感情的にセンチメンタルになる出来事が訪れることを示したり、流れに任せることを促したりする場合がある。現実面で大きな変化が起こるというより、感情面の方に大きな動きがあると考えられる。内面的な充足感や感動は期待できるが、目に見える成功などの大胆不敵な出来事を求めている人から見れば、少々物足りないルーンであるといえるかもしれない。

正位置

占いの意味

◇ 一般

感受性が高まり、深い感動を得られる。流れに身を任せることで、全てが順調に進む。自分の気分に素直に行動して、良い結果を得られる。芸術的な才能を発揮できる。ロマンチックな出来事や良い思い出に陶酔する。非現実的な夢や憧れで、心が満たされる。

◇ 恋愛・結婚

型にはまらない、その場のムードを重視した交際。憧れと恋愛感情を混同する。非現実的な恋愛。受け身で完全に相手に合わせる交際。勇気が出ず、片想いからなかなか抜け出せない。結婚にはたどり着かない恋。相手の気持ちに出た場合は、センチメンタルな気分でいる状態。

◇ 仕事

感情に流されて、組織の中に完全に入り込めない。創造力や感性を使う芸術的な仕事であれば、才能を発揮できる。遅刻や無断欠勤に注意。仕事仲間との間には、思いやりや信頼関係が生じる。取引先のペースに巻き込まれる。甘え上手で、目上との関係は良好。

◇ 対人関係

周囲の人達に、共感と理解を示すことができる。人の気持ちを汲(く)み取ることができる。ただそこにいるだけで、人に安心感を与える。友人知人から悩み事を相談される。友情の深さや大切さを実感できる。人から優しくされて嬉しくなる。

◇ 願いが叶うか

願いが叶う可能性はあるが、完全に叶うというより、その中の一部分が叶うという感じである。それは運気の流れが悪くはないものの、強さはなく中途半端だからである。

今のあなたへのメッセージ

「目に見えるものだけが全てではない」と、このルーンはあなたに告げてくれています。決してそんなことはないと感じるかもしれませんが、今のあなたはちょっと現実的な考えに偏(かたよ)り、夢やロマンを忘れ気味になっているのかもしれません。例えば夢を語る友人に、「そんなのは無理、もっと現実を見なさい」というような、視野の狭(せま)いアドバイスをしていませんか？　人間にはさまざまな才能の他に、夢を見るという才能も持ち合わせているのです。子供の頃の夢は何だったのか……少し振り返ってみるといいでしょう。

逆位置

占いの意味

◇ 一般

気分屋となり、楽な方へ流されてしまう。少しの責任でも負うことが苦痛になる。自分の感情をコントロールできなくなる。理性が働かず、誘惑に負けて自堕落(じだらく)な方向へ進んでいく。小心で臆病(おくびょう)になりやすい精神状態。誰かからの裏切りがある。

◇ 恋愛・結婚

寂(さび)しさを埋めるために、その場しのぎの恋愛をする。不満や依存心など、その場の感情に振り回される交際。相手の言いなりになりすぎる。恋愛依存症。複数の人と交際して、収拾がつかなくなる。相手の気持ちに出た場合は、この恋に甘えたい気持ちがある。

◇ 仕事

向上心や責任感を持てず、惰性で仕事に取り組む。適性のない仕事に取り組み、苦労する。時間などの決まり事にルーズになる。楽を求めて、手を抜くことばかり考える。周りから能力を認めてもらえない。公私混同してひんしゅくを買う心配がある。

◇ 対人関係

どちらかが一方的に、相手に甘えて寄りかかる関係。感情をぶつけ合うだけの、幼さを感じる交流。次第にお互いにワガママが出てくる交際。友人知人に関して、落ち込んだり悲しんだりする出来事がある。約束事にルーズな、信頼の置けない人物。

◇ 願いが叶うか

その願いが叶う可能性は低いようだ。それは、その願いに一貫性がなく、コロコロ変わるものであるからかもしれない。別の願いを考えてみた方が良い。

今のあなたへのメッセージ

少し過酷な現実の中で息切れしているあなたに必要なのは、夢の中でゆったりとまどろむような、非現実的な時間です。何も無理に、「しっかりしなくては」などと思わなくてもいいのです。もうあなたは自分の任務や役割を、しっかりと果たしてきているはずです。ですから、ときにはゆっくり昼寝をして夢の中を漂(ただよ)ってみたり、映画や小説の中のバーチャルな世界にはまってみたりするといいでしょう。今あなたに必要なメッセージは、現実の中よりも、そうした世界から手に入れることができるのです。

ING
イング

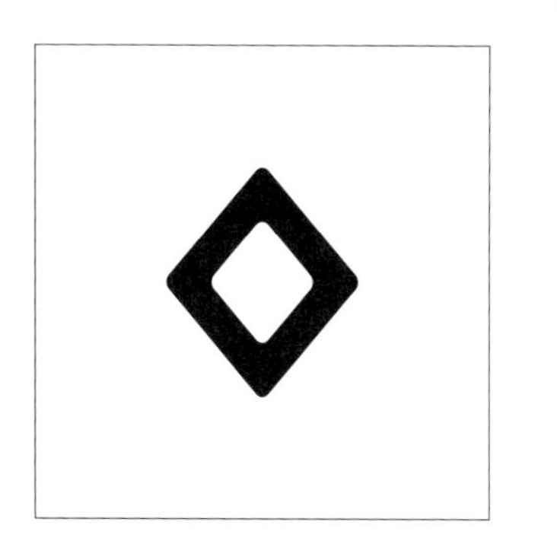

キーワード	イング神
文　字	Ng
西洋占星術	新月、金星
現代英語	Ing（イング神）

ルーン文字の説明

「イング」のキーワードは、英雄の名である「イング神」とされている。北欧神話の中で、豊穣の神として奉られているフレイの正式な名前が「イングナ・フレイ」であることから、フレイがこのルーンに関連していると考えられる。フレイはかつて、主神の立場にいたのではないかといわれるほどの重要な神でもある。

北欧神話の中で、フレイはバルドルに並ぶほど美しい容姿を持つ男神で、同じく豊穣の神とされる女神「フレイヤ」の、双子の兄にあたる。フレイとフレイヤは実の兄妹でありながらも性的な関係を持つなど、両者ともセクシュアルな面に関しては精力的であったようだ。特にフレイヤに夫の他に情夫がいることが、父親である海神「ニョルズ」の公認であったり、金の首飾り「ブリージンガメン」を手に入れるために複数の小人と体の関係を結んだりと、北欧神話の中では、フレイヤのその性的奔放さが強調されている。それが子供を作るという繁殖につながるため、「豊穣の神」とされているのだろう。

それに反して、フレイには純粋な恋愛場面が『古エッダ』の中に記載されている。フレイは一目惚れをした巨人の娘「ゲルズ」を自分の妻にするために、一番大切にしていた魔法の剣を、召使のスキールニルに与えてしまったのだ。そして9日後にはバリの森でゲルズに会えると知ったときに、「待ちわびる半夜の方が、わたしには一月よりも長く思われる」という、まるで詩人のようなロマンチックな台詞を残している。

このルーン文字は、初期のエルダーフサルクでは、トランプのダイヤ型の小さな四角形であるが、その後のアングロ＝サクソン型フサルクでは、文字の交差した部分を長く引き伸ばして、より大きな形となっている。そして後期のヤンガーフサルクでは、「イング」はその姿を消してしまった。発音が「ng」であったためか、幸運の色合いが強いルーンである割に、この文字はあまり重視されていなかったようだ。

「イング」は、豊かな実りや大きな成功を示唆し、文字が持つ器の大きさ、すなわち寛大さは、「ギューフ」に匹敵するかもしれない。特に大きな成功や幸運を求めている人にとっては、全てのルーン文字の中で一番良いルーンである、といっても過言ではないだろう。このルーンが占いで出たとき、あなたが抱えている少々の過失やトラブルを全て内包して打ち消してしまうほどの、幸運な状況が訪れると予測できるのである。タロットは、罪を打ち消して生まれ変われることを示す「審判」が当てはめられている。東洋の易でいえば、盛大な時期を意味する「雷火豊（らいかほう）」をイメージさせる。

ただし「雷火豊」には、「物事が成功して頂点にいるときであるから、尊大になってはいけない」という意味も含まれており、それはルーン文字の「イング」にもいえることだろう。

占いの意味

◇ 一般

物事が理想的な形で完成される。種をまいておいたことが、予想以上に大きく実る。過去の行いが豊かに実り、深い満足感を味わえる。全ての人々が深い満足感を味わえる出来事が起こる。物事が大成功を収める。大して努力をしなくても、良い結果になる。

◇ 恋愛・結婚

理想通りの人と両想いになれる。片想いが成就（じょうじゅ）する。深い満足感を噛み締められる交際。愛されている実感を得られ、至福（しふく）を味わう。経済的にも精神的にも豊かな相手。結婚の話が成立する。幸福な結婚生活。相手の気持ちに出た場合は、真の愛情を持っている。

◇ 仕事

目標を達成して、満足感を味わう。予想以上に大きな成功を収める。予想以上の報酬を入手できる。周囲からの祝福を受ける。大役に抜擢され、その役割を全（まっと）うできる。自分の実力を十分に出しきることができる。昇進の話が入る。豊かな農家や漁民。

◇ 対人関係

お互いに好意と尊敬を感じ合える、朗らかな人間関係。良い縁が広がり、人脈が増える。誰かから必要とされていることを実感して、生きる喜びを感じる。誰に対しても優しく寛大に接することができる。尊敬できる人の人生観に触れて感激する。

◇ 願いが叶うか

運が勢いに乗っているため、その願いが叶うといえそうだ。それはその願いに対する努力を怠（おこた）らなかったからであるといえる。期待して待っていると良い。

今のあなたへのメッセージ

あなたは、自分は恵まれていないと感じて、落ち込んでいるかもしれません。ただしこのルーンは、「自分が恵まれた状況に置かれていることに気がつきなさい」というメッセージを、あなたに送っているのです。例えばあなたには、そんなに毎日ワクワクするような出来事はなくても、大きな悩み事は抱えていない状態かもしれません。もしくは良い友人や温かい家族に恵まれているのではないでしょうか？　美味しい水を飲めること、リラックスした時間を持てること……。意外とあなたは様々な点で、恵まれているといえるのです。

※正逆が同じ形の「イング」に逆位置はなし。

OTHEL
オセル

キーワード 伝統、先祖

文　字 O

西洋占星術 火星、土星

現代英語 該当なし

ルーン文字の説明

発見されているエルダーフサルクのアルファベット列の多くは、この「オセル」が最後となっているようだ。例えば1989年初版の『ルーン・タロット』(魔女の家BOOKS)、2021年初版の『ルーンの教え』(フォーテュナ)、それ以外に90年代前後に出版された複数のアメリカの洋書でも、「オセル」を最後に置いている。そのため順番を迷ったが、既に占いで広がっている順に合わせ、増補改訂復刻版でも換えずに「オセル」を最後から2番目にした。「ダエグ」が最後に彫られた古いフサルクの列も見つかっているため、どちらを最後にしても間違いではない。

資料によって「オセル」には、伝統や先祖の他に、世襲(せしゅう)財産、世襲の土地、所有などのキーワードが与えられている。全て共通点があり、基本的には四元素の「地」を象徴しているといっていいだろう。

このフサルク終盤の「オセル」の段階になって、ようやくルーン文字の中で四元素がそろったことになる。西洋の四元素は火地風水であるが、知識を表す「アンスール」が風であり、「ケン」が火であり、「ラーグ」が水であり、そしてこの「オセル」が地となるのである。

支配星としている土星は、最も地の要素が強い惑星である。地の要素というのは、すなわち物質的なもののことで、金銭がその主なものになるだろう。ただし金銭は「フェオ」の管轄(かんかつ)である。この「オセル」はお金自体ではなく、お金で買えるもの、特に土地や建物などの不動産をメインに意味しているのである。

その他には、その不動産に関連して、土地に根づいたものも指す。例えばそれは先祖であったり、先祖代々から伝わる物やしきたりであったりする。そして地の特性でもある、古いものを指す場合もある。古いものとは、単純にアンティークグッズや古くから蔵(くら)にしまい込まれた物なども含まれるが、その他には、年配者や伝統行事なども含まれる。

物質的な意味合いが強いこのルーンは、残念ながら、人情や許容にはほとんど関与しない。決まり事は決まり事として守らなければいけないという、常識的で型にはまった態度も示しているのである。固まったコンクリートのように、少しの揺らぎも変化も感じさせない。確固たる安定感を持ちつつも、やや狭量(きょうりょう)さを感じさせるルーンである。

「常識」という枠(わく)組みが簡略化されていく現代において、「オセル」が象徴する要素は全て馴染(なじ)みのない過去の遺物として、次第に遠のいてしまうのかもしれない。例えば昔は畏怖(いふ)され、尊重されていた年配者は、現代は若者を前にしてその力を失い、季節の移り変わりを刻(きざ)む祭りや行事の存在を知る者は、年月が過ぎるごとに減っていく。常識や忍耐という、昔は当たり前であった価値観も、今は「ない方が良い」という考え方が主流である。広い土地である地球も、この「オセル」の範疇(はんちゅう)だろう。その地球も環境破壊の影響で、今後確実に、ますます住みにくいものとなっていく。大事にしなければならないものを粗末(そまつ)にしている現在の状況を、「オセル」は思い起こさせてくれるようだ。

正位置

占いの意味

◇ 一般

伝統や規則に従(したが)って行動し、それが良い結果をもたらす。常識を重んじて行動する。時間や挨拶など決まり事や約束は、しっかりと守って実行する。遺産相続など、先祖からの恩恵を受けることができる。義務感や礼儀に縛られ、精神的余裕を持てない。

◇ 恋愛・結婚

意外と身近にいる人と縁がある。人生設計を考えている、真面目な人との交際。順序を踏み、着実に前進していく交際。お見合いの成功。結婚を前提に交際する。結婚にまで順調に進む交際。相手の気持ちに出た場合は、失礼のないように真面目に接さなければと考えている。

◇ 仕事

規律に則(のっと)り、真面目に働く。ルーチンワークでも苦痛を感じず、充実して取り組める。地味でも誠実な仕事振りで、少しずつ信用が高まっていく。自分にも他人にも厳しい仕事振り。視野が狭(せま)く、小さな失敗に執拗(しつよう)にこだわる。不動産関係、伝統文化関係の職種。

◇ 対人関係

礼儀正しく人に接する。人とのどんな約束でもしっかり守るため、信頼される。定期的に連絡を取り合う、安定した交流。職場や習い事で、定期的に会う人。楽しい交流より、マナーを重んじる。一緒にいると何となく緊張して肩が凝(こ)る人物。

◇ 願いが叶うか

少し時間はかかるが、その願いが叶う可能性はまずまず高いといえる。地道な努力を積み重ねることで、ようやく光が見えてくる。途中で投げ出さないこと。

今のあなたへのメッセージ

今のあなたには、ちょっと自分を何かの枠(わく)にはめ込んでみることが必要なようです。例えば最近時間にルーズになっているなら、その時間をしっかりと守るように心がけてみること。そして暇(ひま)な時間が多いのであれば、毎週決まった曜日と時間に習い事に通うようにしたり、少しだけ仕事の時間を増やしてみたり……。規律を守って、自分の生活のリズムをしっかりと作ることが大切なのです。そうすることであなたに適度な緊張感が生まれ、さらに魅力的な自分へとブラッシュアップできるでしょう。

逆位置

占いの意味

◇ 一般

約束を守れずに信用を失う。規則や伝統を軽んじて行動し、それがトラブルを呼び込む。結果を早く出そうとして焦(あせ)り、失敗する。石橋を叩いて渡るような、慎重な行動が求められている。常識に欠けた行動。必要以上に物やお金に執着する。

◇ 恋愛・結婚

生活に変化がないため、出会いのチャンスがない。恋人や配偶者への条件が厳しすぎて、縁ができない。刺激のないマンネリ感が漂う交際。異常に真面目か、極端にいい加減な性格の相手。お見合いの失敗。相手の気持ちに出た場合は、この恋にマンネリを感じている。

◇ 仕事

反抗心が強く、わざと社内の規則を破る。仕事の完成を急ぎ、慎重さを欠く。時間や締め切りなど約束事にルーズで、信用されない。面白味のない、退屈な内容の仕事。辞めたくても辞められない状態。自分の報酬にばかりこだわる。反社会的な職種。

◇ 対人関係

いつも同じ顔ぶれと話題の、新鮮味のない人間関係。規則に異常に厳しい人、もしくは逆に規則に反抗的な人。他人の心の動きに鈍感になっている。視野が狭く、新しい出会いには無関心になりがち。大勢の中で難しい顔をして、場をシラケさせる傾向。

◇ 願いが叶うか

その願いは叶わない可能性が高い。自分では願い実現のために頑張っているつもりでも、頑張る方向を間違えている可能性がある。願いの再検討が必要なようだ。

今のあなたへのメッセージ

今のあなたは自分でも気がつかないうちに、ちょっと堅苦しい人物になってしまっているようです。自分にも他人にも厳しくなって、いつもイライラしていたり、人前でムッとした表情をしていたりしませんか？　それではあなたの魅力が半減する上に、周りの人達があなたに近寄りがたさを感じてしまうのです。あなたはもっと、自由でイキイキとした性質を持っているはずです。仕事をズル休みするなど、一度思い切って規律に対して反抗的な態度を取ってしまうのもいいかもしれません。

DAEG
ダエグ

キーワード 1日

文　字 D

西洋占星術 半月、太陽、ドラゴンヘッド

現代英語 Day（日）

ルーン文字の説明

まだ資料が少なかった2006年の初版本にて、このルーンは考古学的に見てエルダーフサルクの最後の文字であると記載した。しかし資料が増えた現在では、「オセル」が最後に彫られたパターンの方が多いと見受けられる。しかし「オセル」の項目にも記載したように、既に世間に広がっている占い用の順序に合わせ、「ダエグ」を最後のルーンとさせていただく。

「ダエグ」は1日を象徴する、ひとつのサイクルを示すルーンである。時間が循環しているという点は、「年」を象徴する「ヤラ」

と共通している。この文字の形が永遠の時間の流れを象徴する、「∞」のインフィニティと酷似しているのは、偶然だろうか。一本線でつながっているこの文字は、1日1日が途切れることなく循環し、結果的には長い人生を築き上げていくことを示しているかのようだ。ただし1日という短期間を示す「ダエグ」は、1年という長期間を示す「ヤラ」よりもっと日常的で、穏やかな流れを示しているのである。

日に関する「シゲル」も、このルーンと似た面を持っている。ただし「シゲル」はステージの上でスポットライトを浴びるような華やかさがあるのに対し、「ダエグ」は家の中でコツコツと読書や編み物を進めるような、地味ながらも着実に前進する堅実なイメージが強い。

北欧神話の動きの激しい展開と、個性の強いキャラクターが多い中で、この平和なルーン文字のイメージと重なるのは、光の神とされる「バルドル」である。

バルドルは北欧神話の中で一番美しい神であるといわれ、全ての神々から愛されていた。バルドルが住む宮殿「ブレイザブリク」は平和の園と呼ばれ、輝くこの宮殿の中で罪を犯した者はなく、誰もがこの宮殿を思い浮べるだけで、心は幸福感に満ちあふれるほどだった。また、不思議とこの宮殿の中では、ケガや病気が治るのである。そしてバルドルはただ見た目が美しいだけではなく、性格は公明正大で知性があり、その偏(かたよ)りのなさと安らかさは、まさにこの「ダエグ」のイメージと重なるだろう。

「ダエグ」は、物事が成長していくことも意味するルーンである。ただしそれは短期間で一気に成長するという形ではなく、1日1日を重ねて1年が、そして1年1年を重ねて一生ができるように、まるで階段を1歩ずつ上がるように、少しずつ成長することを示しているのである。この文字が循環する無限大の形に近いことからも分かるように、同じパターンを繰り返しながら日々を送り、ふと気がつけば、そういえば前に比べると状況は良くなっている……という感じになるのだろう。そしてそうした日を迎えるためには、1日1日を大事に過ごしていく必要がある。

このルーンを見ると、どこかのエッセイで目にした、「一日一生」という言葉が浮かぶ。1日は一生と同じであり、1日が終わればまた翌日には新たな自分が生まれ出る……という考えである。

占いの意味

◇ 一般

優しく穏やかな気分で過ごせる日々。地味ながらも、物事が少しずつ着実に成長していく。正しい段階を踏みながら、一歩ずつ前進する。小さな幸せにも、深く感謝することができる。平和な日々に感謝できる。少しずつ寛大で豊かな人格を身につけていく。

◇ 恋愛・結婚

時間をかけてゆっくり深まっていく愛情。寛容で温厚な性格の人との出会い。波風のない平和な交際。長い片想いが、徐々(じょじょ)に実っていく。結婚前提の交際。結婚にまでたどり着ける交際。相手の気持ちに出た場合は、この恋に全面的な信頼と幸福を感じている。

◇ 仕事

真面目な働き振りが認められ、周囲から信頼される。時間をかけて、少しずつ昇進していく。日を重ねるごとに、仕事能力が高まっていく。同じ仕事の繰り返しでも、少しずつレベルアップしている。才能に見合った報酬。日用品の製作など生活に関連のある職種。

◆ 対人関係

時間をかけて少しずつゆっくりと、友情や信頼を深めていく。仲の良い、笑い声の絶えない家族。ひんぱんに連絡を取り合う、家族のような友人や仲間。確固たる信頼関係ができている人達。一緒にいるとリラックスできる人。和やかで朗らかなムードの会合。

◆ 願いが叶うか

その願いは、叶うといっていいようだ。それは、その願いに対する前向きな努力を怠（おこた）っていないからであるといえる。このままの姿勢で進んでいくと良い。

今のあなたへのメッセージ

このルーンは、今のあなたを全面的に肯定（こうてい）してくれています。あなたの今までの生き方、そして考え方、日々の過ごし方全てが、天から見ると喜ばしいものであるようです。あなたは「自分は大したことをしていない」と思って自己卑下（ひげ）をしているかもしれませんが、特別に大したことをする必要など全くないのです。人々に優しい気持ちで接していること、自分の役割をきちんと責任持って果たしていること。そうした小さな徳が積み重なって、あなたは結果的には大きな幸運を手にすることができるのです。

※正逆が同じ形の「ダエグ」に逆位置はなし。

新たに加えられたルーン文字

アングロ＝サクソン型フサルクに加えられた9文字

紀元1世紀頃に登場した、大変古い歴史を持つエルダーフサルクは、ここまで紹介した全24文字で完結されている。占い上では基本的に、これに無文字の「ウィルド」を足した25個のルーンを用いる。エルダーフサルクは、古くから呪術にも使用され続けた形跡を持つ、神秘的な力が強いとされるフサルクである。そのため占いや魔術、呪術で使用するのは、このエルダーフサルクが中心となっているのである。

21ページの「ルーン文字と歴史」の中の「フサルクの変化の流れ」に記載したように、5世紀頃からイングランドとフリジア地方で手を加えられたものは、「アングロ＝サクソン型フサルク」と呼ばれている。古英語で使いやすいようにと、24文字から徐々に文字数が足されていき、最終的には33文字にまで増えた。特に9世紀以降に考案された29文字以降の5文字（30文字以降の4文字という説もある）が使われたのは、ノーサンブリアというイングランドのごく一部の地域であり、それも大して使われることなく消滅している。そうした経緯もあって、特にこの5文字に関する情報量は少ないようだ。順番も資料によって若干の違いがあり、「イル」や「ガー」など文字の形が違っているバージョンもあって、順番や形が完全に統一されていた訳ではないことがうかがえる。本書では主に、『ルーンの教え』（フォーテュナ）に掲載されている順番と形を参照にし、掲載している。

それでも、瞬く間に消えた文字であるがために、余計に神秘性を感じるのが人間というものだろう。近年になって国内で（「ウィルド」を含め）34文字に増やしたルーンカードが販売されていることからも、今後は占い上において、追加された9文字の認知度が高まっていくことが期待できる。やがて34個のルーンで占うことが、当たり前になるかもしれない。

北欧神話とは縁の薄い地域で増えた文字であるが

本書の次の項目から、この9文字の占い上の意味を解説していくが、これらの文字は、北欧神話とは関係の薄い土地で増やされている。特にイングランドでは7世紀頃から、異教を嫌うキリスト教が広がっていった。それでもルーン文字が増えた9世紀前後は、一時的にキリスト教は影を潜めていたようだ。また、追加の文字を考案した人達は、北欧神話に敬意を払っていたのではないかと推測できる。それは、最後の文字「ガー」に、「オーディンの槍」という意味がついていることからも分かるだろう。

そうしたことから、エルダーフサルクと同様に、北欧神話の中の象徴的部分を挙げつつ、追加された各ルーン文字を解説していく。

33文字でルーンを自作する場合の注意事項

アングロ＝サクソン型フサルクのベースは、エルダーフサルクであるが、基本的に両者は違う種類のフサルクだと考えた方がいいだろう。アングロ＝サクソン型フサルクでは、24文字までのルーンについても、エルダーフサルクと形を変えた文字がいくつか存在している。例えば、26番目である「アッシュ」は、エルダーフサルクの「アンスール」と全く同じ形である。それと区別するため、アングロ＝サクソン型フサルクの「アンスール」は、2本の斜め線の先を上に跳ね上げる形になり、名称が「オス」と変わって、文字もAからOに変化している。また31番目の文字である「カルク」は、逆位置で出るとエルダーフサルクの「エオロー」と全く同じ形になることも、注意点のひとつである。

市販されている多くのルーンカードは、逆位置を使わない傾向にあり、ルーン文字の名称の記載がある上に正位置と逆位置がすぐに分かるようになっているため、問題はないだろう。ただし、アングロ＝サクソン型フサルクのルーンを自作する場合に、上記の点は要注意である。

以下は、エルダーフサルクのものとは違う形を持つ、アングロ＝サクソン型フサルクの文字である。

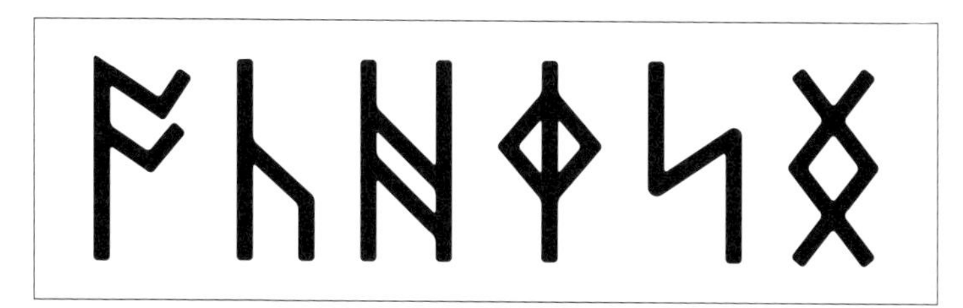

アングロ＝サクソン型フサルク、左から「オス（アンスール）」「ケン」「ハガル」「ヤラ」「シゲル」「イング」。

形は変わっていても、各ルーン文字が持つ意味に変化はないと考えて良い。

従来の25文字に9文字を加えるだけでもいい

ただし、全ての文字を厳密に同じにしなくても、占い上では全く問題はない。単純に、ここまで説明してきたエルダーフサルクの24文字（「ウィルド」を入れて25文字）に、アングロ＝サクソン型フサルクで追加された9文字を足すだけでも十分である。その際は、「アンスール」と「アッシュ」、「エオロー」と「カルク」を区別できるように、どちらかに印を入れておくことがお勧めである。

前述したように、エルダーフサルク24文字に神秘の力が宿っていると考えられている。そのため無理に数を増やさずとも、「ウィルド」を含めた25文字で占えるのであれば、それに越したことはない。その場合は、次に述べる9文字の説明については、あくまでも知識と情報のひとつと思って目を通していただければ幸いである。

9文字の情報量は少ないため、エルダーフサルクの文字で入れていた西洋占星術による対応と、占い内容別の意味は省いた。そして音価による文字の追加であったため、英文字の項目は「音価」とした。

今後は34文字のルーンストーンやチップも発売されるなど、アングロ＝サクソン型フサルクを知る人が増えていくだろう。文字数が増えることでルーン占いも複雑化し、方法も多岐にわたっていくのではないか……と想像するとワクワクする。まだまだ発展の余地がある占術であるといえそうだ。

次のページから、エルダーフサルクに追加された、アングロ＝サクソン型フサルクの終盤9文字の説明を掲載する。

AC
オーク

キーワード オークの樹
音 価 a
現代英語 Oak（オーク）

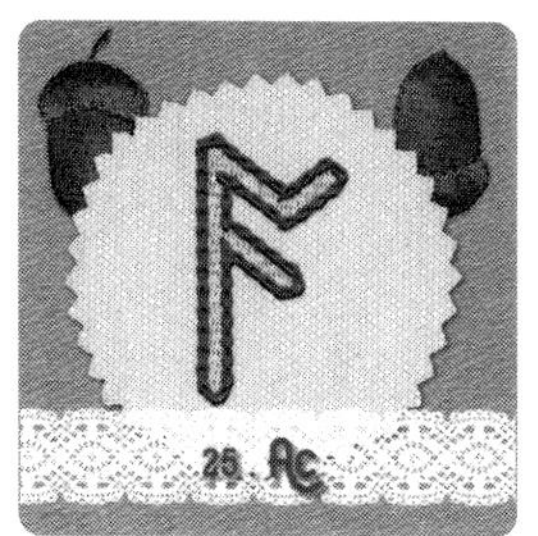

ルーン文字の説明

「オーク」とは、世界中の広い範囲に生息しているブナ科のコナラ属の広葉樹で、一般的には樫であり、日本に生息するものは主に楢と呼ばれている。特にヨーロッパでは古くから神聖視され、オークの学名のQuercus（クエルクス）は、ラテン語で「美しい樹」という意味である。その威風堂々とした立ち姿は森の中でもひときわ目立ち、木材は良質で、主に家具に使われてきた。その存在感の強さから、イングランドでは「森の王」と呼ばれる樹木であるようだ。真っ先にエルダーフサルクに追加されたことからも、イングランドでのオークの樹の重要性をうかがい知ることができる。

29番目までのルーン文字は、アングロサクソンのルーン詩に登場している。アングロサクソンのルーン詩とは、8〜9世紀に古英語で書かれた、各ルーン文字のイメージを表す詩である。この25番目「オーク」から29番目「イオー」までの各詩を、『ルーンの教え』（フォーテュナ）の中から引用する。この詩は情報量が少ない中での非常に貴重な資料であり、そこからルーン文字の性質を推測、判断することができる。「オーク」のルーン詩は、以下である。

〈オーク〉は豚を育て　豚の肉は人の子を育てる
オークは時に海へ乗り出す　大海原（おおうなばら）は試す　オークが信頼に足るかどうかを

オークの樹には豊かにドングリが実り、そのドングリを豚が食べる。特に黒豚からできる生ハムづくりには、オークの実が欠かせないという。栄養を蓄（たくわ）えた豚の肉は、それを食べる人間を豊かに育て上げるのである。オークは造船の材料としても使用されることから、詩の「オークは時に海へ乗り出す」というのは、オークでできた船を海に出すということだろう。オーク材がどれだけの強度を持つのかを、大海原の中で試すということだ。

こうしたオークの樹の性質とルーン詩から、このルーン文字には「成長」というキーワードが最も当てはまると感じさせる。その生命力の強

さから、森の中での多種多様な植物の中での生存競争に打ち勝ち、大きく成長していく姿である。それも大海原の中でも耐えられる強度を持つほどに、揺(ゆ)るぐことなく頑健(がんけん)に成長する様子を表すといえるだろう。それは自分自身のみならず、多くの存在を力づけ、成長させていくのである。

正位置

占いの意味

成長。揺るぐことなく真っ直ぐに成長する。知性や技術力が、グングン伸びていく。過当競争に打ち勝つパワーを持つ。信念を持って物事に取り組む。物事が理想通り、計画通りに進んでいく。試練をものともせずに前進できる。大勢の中にいても、自然と目立つ存在になれる。部下や後輩、弟子がすくすくと成長していく。迷いのない真っ直ぐな精神状態。

◇ 願いが叶うか

その願いは、問題なく叶うだろう。それは叶えるためにすべきことに、あなたが手を抜かないためである。あなた自身も内心、「叶うにきまっている」と信じているのではないだろうか。

今のあなたへのメッセージ

今のあなたは正しい方向へ進んでいる、とルーンが告げています。それはあなたの適性に沿っていて、ストレートに夢や理想を叶える方向だからのようです。何かでひた走っているときに、ふと自分勝手な行動を取っている気がして、「もっと人に気を配った方がいいのでは？」などと感じる瞬間があるかもしれません。それでも、心配する必要は全くないのです。あなたが成長することが、結果的に周りの幸福につながるのですから。

逆位置

占いの意味

思うように成長できない。目標に向かおうとしても、時間のなさや能力不足が原因で進めない。理想や目標が高すぎて、焦(あせ)りを感じる。実力以上の成果を上げようとする。目立とうとして失敗する。周りのライバルに圧倒される。生命力が足りない状態。足元が固まっていない状態。大きな計画は挫折(ざせつ)や失敗をする可能性が高い。ポキッと折れやすい精神状態。

◇ 願いが叶うか

その願いは、残念ながら叶わない可能性が高い。何故なら、自己過信から生まれた願いであるためである。現実は意外と厳しいと知ることで、実現に一歩近づけるだろう。

今のあなたへのメッセージ

「自分はもっと、高いところへ行かなければいけない」……そんな風に思って、焦(あせ)りを感じていませんか？　それはあなたの本心のようでいて、もしかしたら誰かから押しつけられた価値観かもしれません。例えば親から、素晴らしい人間になるように、という圧力をかけられたことはなかったでしょうか。今のあなたは先を急いで、少し無理をしているようです。まずは美味しい食事や美しい景色を味わい、他愛無い日々を楽しんでください。

AESC
アッシュ

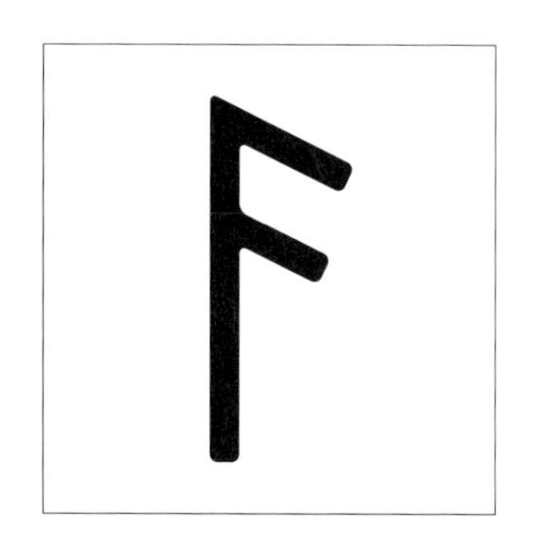

キーワード トネリコの樹

音　価 ae

現代英語 Ash（トネリコ）

ルーン文字の説明

164ページの「33文字でルーンを自作する場合の注意事項」でも説明したように、この「アッシュ」はエルダーフサルクの「アンスール」と全く同じ形である。その代わり、アングロ＝サクソン型フサルクの「アンスール」は、2本の斜め線の先を上に跳ね上げる形に変わっているので、占う際には注意して欲しい。

「アッシュ」は和名でセイヨウトネリコであり、日本ではトネリコと訳されることが多い。ドーム型の大きな樹冠（じゅかん）を持ち、高さは35メートルにまで達することもある。日本に多く生息しているトネリコは、高さ10

メートル程度とそこまでのダイナミックさはない。しかしどちらも木材の弾力性に優れ、建築材や野球のバット、テニスラケットなどに使われているようだ。

ルーンの世界で、セイヨウトネリコといって真っ先に思い浮かべるのは、北欧神話に登場する世界樹ユグドラシルだろう。ユグドラシルは、北欧神話の9つの世界全てに枝と根を伸ばして支（ささ）える、果てしなく巨大な1本の樹木である。3本の巨大な根を持ち、1本は神の国アースガルズに、1本は巨人の国ヨトゥンヘイムに、最後の1本は人間の国ミズガルズに伸びているという。樹の上にも様々な動物が生息している。最も高い枝には、何でも知っている鷲（わし）のフレスヴェルグが1羽とまり、その下の高い枝では、4頭の牡鹿（おじか）が若葉を食べている。また、根の深い位置にはニーズホッグという黒龍（こくりゅう）がいて、ユグドラシルを枯らそうと根をかじり続けている。そして根から枝までの幹をラタトスクというリスが行き来をして、鷲と黒龍を喧嘩（けんか）させようと、お互いの悪口を吹聴（ふいちょう）しているのだ。このように、ユグドラシルは大変にぎやかな世界を持っている。

「アッシュ」のアングロサクソンのルーン詩は、以下である。

〈トネリコ〉は天高くそびえ立ち　皆に敬愛される
しっかりと根を張り　たとえ大勢の攻撃を受けようとも
その場を守り抜く

「アッシュ」には既に、「直観」「インスピレーション」などの占い上の意味が与えられている。「アンスール」と同じ形ということもあり、豊かな知恵を持つオーディン神のイメージが投影されているのだ。

ルーン詩の中に登場する、皆に敬愛されているトネリコとは、ユグドラシルを指すと考えていいだろう。特に樹木の頂点にとまる、何でも知っている鷲のフレスヴェルグに、「アッシュ」がスポットライトを当てていると考えると納得がいく。
「アンスール」が日常的な連絡や情報を表すのであれば、「アッシュ」は高い位置から降ってくるような、直観やインスピレーションを示すと考えられる。それは一見根拠がないようでいて、的確で間違いのないものなのである。

正位置

占いの意味

直観や直感、インスピレーション。何かに突き動かされるような流れや状況。ピンと来たことを実行すると成功する。浮かんだことが、そのまま現実化する。頑張るのではなく、訪れる流れに任せると良い。人の何気ない言葉にヒントがある。脳に思考が詰まっておらず、クリアな状態。基本的にはそのまま進むと良い。直感を活かし、芸術的才能が高まる。

◇ 願いが叶うか

その願いは、まずまず叶う可能性が高い。必死に努力をしなくとも、自然の流れに乗れば到達するだろう。その実現はあなたにとって、必要な物事だからである。

今のあなたへのメッセージ

今のあなたの精神には、無駄な考えやよどんだ感情がなく、クリアになっているようです。それは日頃から、周りに温かい気持ちを配っていたり、物事をありのままに見るようにしていたりするからかもしれません。そんな今のあなたは、天から降り落ちてくるサインをストレートに受け取ることができます。何かで引っかかったり、不安を感じたりした時には、心を澄ませて天を仰いでみましょう。ふっとベストな答えが浮かんでくるはずです。

逆位置

占いの意味

直感に頼りすぎて失敗する。今は直感をあてにせず、思考を重視する時。ひらめいても実行する前に考えることが必要。間違ったアドバイスを受ける。感性や偶然をあてにして、努力を放棄している状態。頭の働きが鈍っている状態。間違った方向へ進んでいる可能性がある。間違った判断。流れに乗らず、計画を立てて動くことが大切。

◇ 願いが叶うか

その願いは、叶う可能性が低くなっている。今のあなたは直感や着眼点がずれていて、自分にとって、不要で適性のない願いを掲げているかもしれないからである。

今のあなたへのメッセージ

あなたは今、「これは良いアイデアだ！」と自分の発想に酔いしれているかもしれません。しかし、もしかしたらその案は、周りを無視した独り善がりのものかもしれないのです。今のあなたの感覚は少しぶれていて、自分の直感を過信すると、大きな失敗を招く心配があります。アクションを起こす前に、まずは信頼できる人に話を聞いてもらいましょう。そこから、案にブラッシュアップがかかったり、思わぬ落とし穴に気がついたりするはずです。

YR
イル

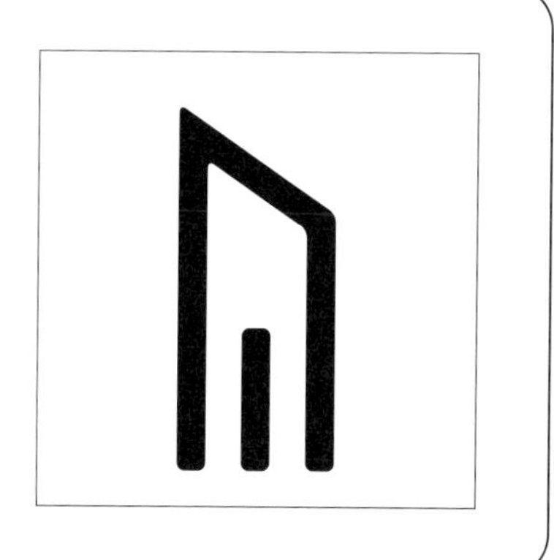

キーワード 弓

音　価 y

現代英語 Bow（弓）

ルーン文字の説明

「弓」をキーワードとするこの「イル」は、英語表記が「ユル」と全く同じYRのスペルである。読み方は「ユル」と区別すべく、このルーンでは「イル」と表記している。「ユル」のキーワードが「イチイの樹」であることから分かるように、このルーンはイチイの樹でできた弓を示している。文字の形は「ウル」の中に点が入ったものであるが、これ以外にも「ウル」の中にT字が入った形、上部が2本の線を寄りかからせてとがらせた形など、別バージョンも存在している。

「ユル」の説明にも記載したように、イチイは成長が遅く年輪が詰まっていて、大変

固くて丈夫である。その上に弾力性に優れているため、弓などしならせる必要がある物を造り出すのに、適した木材なのである。

北欧神話では、狩猟と戦士の神「ウッル」がこのルーンの象徴となるだろう。ウッルは雷神トールの義理の子供であり、並ぶ者がないほどの弓の名手であった。また、イチイはスキー板の材料でもあることから、ウッルはスキーの実力も備えていた。男神ながらも美貌を持つ優れた戦士であり、北欧神話の中での存在感は薄いものの、決闘の際にはこの神に祈ると、勝利が与えられるという説もあるようだ。

ルーンの「ウル」と関係性はないが、文字の形が「ウル」に近いのは、文字の考案者が狩猟と戦士の神ウッルと結びつけて考えた可能性もないとはいえない。ウッルは古ノルド語でUllrと表記し、「ウル」と似ているといえる。

「イル」の、アングロサクソンのルーン詩は、以下である。

〈イチイの弓〉は素晴らしきもの
遠征で馬上にある王子や戦士にとって　喜びと名誉のしるし
それは平安と強さをもたらす武具

殺傷能力の高い弓であるが、このルーン詩の「喜び」や「平安」という言葉などから、「イル」はポジティブなイメージを持つルーンであると判断できる。強さとしなやかさを持つイチイでできた弓は、死を賭けて戦う者達にとって、まるでお守りのような大きな安心感と信頼感、そして勝利への希望を与えてくれる武器であった。

また、弓はひとつの標的に向かって射ることから、この文字には「目標・目的を定める」という占い上の意味が与えられている。安心感は集中力を呼び、弓を使って勝利する可能性も高まるのである。それ以外にも、この強力な弓が戦士に与える「強固なものに守られているという安心感」も、このルーンの占い上におけるイメージとなるだろう。

正位置

占いの意味

目標をはっきり絞(しぼ)り、一直線に進める。ひとつの目標・目的に焦点(しょうてん)を当てられる。自信を持って闘(たたか)いに挑(いど)める状態。集中してひとつの物事に取り組む。何かにしっかり守られている状態。勝利や成功を信じて前進できる。自分自身を信頼できる。武器があることからの安心感。何かに守られていることからの安心感。焦点が定まり、迷いがない精神状態。

◇ 願いが叶うか

その願いは、予想よりもスピーディーに叶う可能性が高い。それは迷いなく願いの実現に向けて、狙いを定めて進めるからである。周りに頼らず、自力で進むと良い。

今のあなたへのメッセージ

「今のあなたは、そのままで大丈夫」と、ルーンが告げています。今のあなたの心持ちや生き方全てにおいて、「正しいですよ」と肯定(こうてい)してくれているのです。それは、もしかしたらあなた自身も薄(う)っすらと分かっているのではないでしょうか。進むべき方向がはっきりと見えていて、迷うことなく日々を駆け抜けているのでしょう。そのまま進むことで、例えどのような結果が訪れたとしても、決して後悔することにはならないはずです。

逆位置

占いの意味

目標を定めることに、不安がある。目標や目的が散漫で、何をしていいのか分からない。集中力に欠ける状態。弱気になり、攻撃を受けやすい状態。守りが弱く、心もとない状態。迷いや不安から、物事に積極的に当たれない。武器となるものがないことからの不安感。守られていないという不安感。自分から動けず、受け身の状態。全力を出せない状態。

◇ 願いが叶うか

願い自体がどこかぶれているため、叶わない可能性が高い。例えばそれは、何かから逃げるため、避けるための願いだからかもしれない。少し焦点を変える必要がある。

今のあなたへのメッセージ

自分は傷つきやすい……あなたは、そう感じているかもしれません。そんな自分を守るために、よく知らない人との交流を避けたり、難しいことへの挑戦するのを控えたりするのではないでしょうか。傷つきやすい原因は、武器のなさからくる自信のなさ。「自分には、これがある」と信じられることで、他からの攻撃も気にならなくなるのです。防御することに必死になるのではなく、何かひとつの物事に集中し、それを育て上げてみませんか？

EAR
イアー

キーワード 土

音　価 ea

現代英語 Earth（地球）

ルーン文字の説明

この28番目のルーン文字までは、6世紀頃の比較的古い時代から、アングロサクソン人によって使用されていたことが、碑文などから判明している。占い上では、次に紹介する「イオー」が先になることが多いが、「イオー」が最後の5文字の仲間である可能性があることから、学術書に沿い「イアー」を前にした。この2文字を同じ順とする資料もあり、順序は曖昧なようだ。文字の順番にはこだわらなくていいだろう。

このルーンに与えられているメインの意味は「墓」であるが、それ以外に「土」がある。EARがEARTHを彷彿とさせることから、それも大変広大な範囲の土、すなわち「大地」を表している。エルダーフサルクの24文字の中では、「オセル」が四元素の地を司(つかさど)ることは、既に説明した。この「イアー」も同じく地の要素を強く持つといえるが、「オセル」が故郷を含めた土着的な意味が強いのに対し、「イアー」は地域を限定しない、一般的な土地を示すと捉(とら)えていいだろう。

北欧神話の中で墓といって思い浮かぶのは、死者の女王ヘルが住む、地下にある「ニヴルヘル」である。単純に「ヘル」とも呼ばれ、世界樹ユグドラシルの最下層に存在する暗く冷たい世界であり、老衰や病(やまい)で死んだ者は非常に険(けわ)しい旅路を経て、このニヴルヘルにたどり着く。そして高い塀(へい)に囲まれたエリューズニルという館に招かれるのだが、そこで決して楽ができる訳ではない。「病床(びょうしょう)」と名づけられたベッドで寝起きし、「空腹」の皿(さら)と「飢え」のナイフで食事をしなければならないのだという。ガルムという獰猛(どうもう)な番犬が出入り口を守り、死者は決して外へ出ることはできない。ラグナロクという壮絶な終末を迎える北欧神話では、死者にも救いが見えない苦しい結末が与えられているようである。

「イアー」のアングロサクソンのルーン詩は、以下である。

〈墓〉はあらゆる騎士にとって忌(いま)わしき場所
肉体は冷たく青くなり　亡き同胞とおなじく土と化す
繁栄は終わり　喜びは過ぎ去り　固い約束は解けてゆく

アングロサクソンのルーン詩の大半は、希望と前向きさを感じさせるポジティブな内容であるが、「ソーン」と「イアー」だけがネガティブな内容となっている。例えば「ソーン」の詩は、「棘(とげ)をつかむ者は、害や残酷なまでの苦しみを受ける」という内容である。

死者の国ニヴルヘルに救いがないことや、ルーン詩の内容を合わせ、この「イアー」は「ソーン」の次にネガティブさを持つルーンであると考えて良い。その意味は、主に「苦しみを伴う終末」であるといえるだろう。物事の終わり方にも様々なパターンがあり、中には夢や目標を達成しての幸福な終わり方も存在する。しかしそれは、「イアー」の範疇ではない。夢や目標の実現を待たずして幕を下ろすこと、何かを諦め、破棄したりしまい込んだりすること……そうした肩の力を落としての終了を、表しているのである。

正位置

占いの意味

苦しみや悲しみを伴う終末。望まないが避けられない終末。望まない形で物事が終了する。夢半ばにして物事を諦める。周りの影響により、停止するしかない状態。繁栄がピークを過ぎて、終焉に向かっていく。新しい段階に入るために、物事を終わらせる。人の気持ちで出ると、何かを諦めて動けない状態。死者を弔う気持ち。

◇ 願いが叶うか

残念ながら、その願いが叶う可能性は非常に低い。その願いは、既に世の中から必要とされていない物事だからかもしれない。やがてあなた自身が、それに気がつくだろう。

今のあなたへのメッセージ

どうやら今のあなたは、すっかりエネルギーが枯渇しているようです。頭の中には「もっと進まなければ」と焦りが渦巻いているのに、体がいうことをきかない……ということはありませんか？　それは充電しなければいけない、というサインなのです。そして今取り組んでいることが、本当に大切なのかどうかを静かに考えてみましょう。もしかしたら、他にやるべきことがあるのかもしれません。

逆位置

占いの意味

一度終わった物事が復活する。死に瀕(ひん)していた状態から、立ち上がることができる。何かが終わった後に生まれる、新しい状況や出会い。苦しい中でも、遠い先に希望が見えてくる。物事が一時的に好転する。疎遠(そえん)だった人との交際が復活する。一度諦(あきら)めたことにリベンジできる。昔取り組んだことに、再び取り組む。失っていた情熱が、再燃する。

◇ 願いが叶うか

その願い事は、ほんの少しだけ、もしくはあくまでも一時的に叶う可能性がある。それは、それほど重大な願いではないからだろう。少し叶っただけで満足できる気配がある。

今のあなたへのメッセージ

今のあなたは、少し複雑な状況の中にいるようです。何かが終わる瀬戸際(せとぎわ)か、諦めるか進むか悩んでいるか……といったところでしょうか。何かの進退について考え込んでいるなら、その答えが出るのはもう少し先のよう。今は白黒ハッキリつけようとせず、もう少しだけ様子を見ているといいでしょう。そうした迷いの波にもまれている間にも、あなたは大切な人生経験を積んでいるのです。やがて希望の光が見えてくることでしょう。

IOR
イオー

キーワード 蛇

音価 eo

現代英語 serpent（蛇）

ルーン文字の説明

29文字目であるこの「イオー」以降の5文字は、9世紀頃という比較的新しい時代になってから、ノーサンブリアという狭い地域だけで追加され、使用された（30文字目以降の4文字という説もある）。ノーサンブリアとは、アングロサクソン七王国のひとつで、7世紀から10世紀にわたってイングランドの主に東北の位置に存在していた。この地域の名を取り、29文字目以降の5文字は「ノーサンブリアのルーン」とも呼ばれている。

スカンジナビアに広がったヤンガーフサルクの「ハガル」と同じ形をするこの文字には、「蛇」というキーワードが与えられてい

る。「ハガル」は雪の結晶をイメージさせるが、「イオー」の形は謎である。このルーンは、爬虫(はちゅう)類ではなく両生類全般を表すという説があるようだ。

北欧神話で蛇といえば、悪神ロキと巨人アングルボザの子供である、「ヨルムンガンド」が代表である。ヨルムンガンドは、全ての物事をゆっくりと破壊させるという願望を持ち、神々から恐れられる存在であった。雷神トールがこの蛇を大海へ投げ込んだが、ヨルムンガンドは海底で元気に生き続けて成長し、人間界のミズガルズをぐるっと一周するほどにまで大きくなったという。

また、神々から愛されていたバルドルが悪神ロキの策略(さくりゃく)によって死んだ時、怒った神々がロキを捕まえて、岩に綱(つな)で縛りつけたことがある。その際に、もっとロキを苦しめるために毒蛇を吊るし、毒液がポタポタと頭に落ちるようにした、というエピソードがある。ロキの妻がコップで毒を受けるようにしたため、酷く苦しむことはなかったが、コップの毒を捨てる際にロキの頭に毒液が落ち、その時だけロキが苦しんでもがき、それが地震を生み出したという。このように、北欧神話に登場する蛇は、人や神を苦しめる邪悪な者となっている。

「イオー」のアングロサクソンのルーン詩は、以下である。

〈蛇〉は川魚　しかし常に陸地にて餌を獲る
水に囲まれた美しい住処(すみか)で　喜びの中に生きる

北欧神話の蛇のイメージとはかけ離れた、平和な内容の美しい詩が与えられている。「蛇は川魚」という言葉から水生生物を、「陸地にて餌を獲る」という言葉から陸生生物を表していると思われる。両生類のイメージから、このルーンには「二面性」や「二重性」という意味もつけられているようだ。

しかし、北欧神話の中のみならず、多くの人が蛇にネガティブな印象を持つことは否定できない。主に、人生における避けられない困難や苦痛を意味する、と考えていいだろう。

占いの意味

人生における避けられない困難。避けられず、受け止めるしかない苦痛。人の悪意による妨害や障害。悪意のある者に、物事をゆっくりと破壊される。二面性や二重性。裏表の顔を持つ。悪意を隠した人物。一面だけではなく裏側の確認も必要。どのような環境でも柔軟に生きて、たくましく乗り越える。恨みやジェラシーなどのネガティブな感情。

◇ 願いが叶うか

その願いは、やり方次第では叶うかもしれない。ただし裏での手回しが必要だったり、叶うことで誰かを不快にさせたりする心配がある。強引に叶えても、反動がありそうだ。

今のあなたへのメッセージ

自分では気がつかなくても、あなたの心の奥には、何かへの執着心が渦巻いているかもしれません。例えば、自分を苦しめた誰かを許せなかったり、欲しい物を持っている人を羨(うらや)んだり……。「自分はもっと、与えられるべき人間なのに」という自尊心が、執着や不満を強めているようです。少し冷静になって、考えてみましょう。あなたは、本当に何も与えられていませんか？　実は豊かであると気づくだけで、苦しい執着心から解き放たれるのです。

※正逆が同じ形の「イオー」に逆位置はなし。

CWEORTH
クウェオース

キーワード	旋回(せんかい)する火
音　価	q
現代英語	Fire（火）

ルーン文字の説明

「イオー」の項目に記載したように、ノーサンブリアの地域のみで使用された文字である。「ペオース」のように、はっきりとした意味が分からない、謎の多いルーンとされている。単純にqの音を埋めるために考え出され、使用者は文字が持つ意味が分からなくても、特に困ることはなかっただろう。

この「クウェオース」から先の4文字は、登場が遅かったこともあって、アングロサクソンのルーン詩に掲載されていない。そのために文字の性質を探る資料がほとんどなく、さらに謎を深めているといっていいだろう。

そうした中で、現在では研究者により、この文字に「旋回(せんかい)する火」という意味が与えられている。聖火リレーのイメージからか、「聖火」という意味も掲(かか)げられているようだ。

四元素の中で火を表すルーンには、1世紀頃に創作された大変長い歴史を持つ「ケン」がある。火は北欧の人々にとって大切な存在であり、「ケン」は世界創造に関わった火の国ムスペルスヘイムに関連づけられ、創造や情熱など、基本的にポジティブなイメージが与えられている。

「クウェオース」も「ケン」と同様に、火のエレメントに属する文字となる。「ケン」が単純に生活の中で使う有用な火を表すとすると、それ以外の2通りの火が当てはめられる。まずは、聖火を含めた儀式的なものに使う火である。何かを浄化する以外に、呪術・魔術で使うキャンドルの火なども含まれるだろう。2つ目は、火災など何かを焼き尽くして破壊するような、人間のコントロールを超えた火である。また、火葬の火も、このルーンに含まれていると考えられている。

北欧神話の中でコントロールできない火というと、最後の世界的な闘いであるラグナロクで火を放った、スルトが思い浮かぶ。スルトの火は、世界樹ユグドラシルを燃やし尽くしたあと、世界全体を焼け野原にしてしまった。ムスペルスヘイムの火が世界を創造し、最後はスルトが放った火が、完全に世界を滅ぼしたのである。

「クウェオース」の火は、こうした思いがけない動きをする火が含まれていると考えて良い。「ケン」が全面的に、生活に役立つ火のポジティブな面を司(つかさど)るのに対して、「ク

ウェオース」は、人々の想像を超えた火を受け持っている。そしてその火は、人々の生活に大きな変容をもたらすのである。

占いの意味

状況が大きく変化・変容する。太刀打ち（たちう）できない力により、状況が急変する。思いがけない突然の変化。何かを得るために、何かを手放さなければならない。呪術・魔術など儀式的なことが、現実を動かす。たき火やキャンドルの火など、火からインスピレーションを得られる。変化を通して精神的に成長する。激しい感情に、突き動かされやすい状態。

◇ 願いが叶うか

その願いは、条件つきで叶えられる。思いがけない変容や変化という荒波を受け入れることで、その後に理想に近づけるだろう。叶えるために、何かを手放す必要もある。

今のあなたへのメッセージ

自分では気がつかなくても、今のあなたの心の底には、聖なる炎が燃えているようです。それは未来の成功を求める炎かもしれませんし、恋の炎かもしれません。あなたが本気を出した時に、その潜在していた火は表に飛び出て、一気に燃え広がるでしょう。その状況は、あなたの環境を大きく変えるはずです。それだけ、あなたは凄（すさ）まじいパワーを秘めています。どうか自分の可能性を信じて、自信を持って堂々と振る舞ってください。

※正逆が同じ形の「クウェオース」に逆位置はなし。

CALC
カルク

キーワード 聖杯
音　価 k
現代英語 Chalice（聖杯）

ルーン文字の説明

この「カルク」も、ノーサンブリアの地域のみで使用された文字であり、ルーン詩には掲載されていない。そのため情報量が少なく、占い上の意味づけが難しいルーンである。下に広がったその形から、逆さにした酒杯や聖杯をイメージさせ、それらがこの文字のキーワードになっている。履物（はきもの）という意味を与えている研究書も存在している。

北欧神話に出てくる酒といえば、小人がつくった「魔法の酒」が思い浮かぶ。小人族が、大変賢く美しい言葉を使っていた詩人クヴァシルを殺してしまい、その血で魔法の酒をつくったのだ。それをほんの少し飲むだけで知恵がつき、美しい言葉で話せるようになるという優れモノである。そしてその酒を、旅人の姿に変装したオーディンが、小人族からまんまと奪い取ったのである。醜い妖婆の姿に変えられて、その酒樽を守らされていた巨人の娘グンロズは、その時にオーディンの力で元の美しい姿に戻ることができた。その娘とオーディンが恋愛関係を結んだ、というおまけつきである。

このルーン文字の形は、下方に重きが置かれていて、土台がしっかりしている印象である。例えば人を見る時は、服やバッグよりも足元、すなわち靴を見ると分かると言われている。足元や土台がどうなっているかということが、物事の真偽を見極めるためには重要なのである。また、文字の形から木の根がイメージできることからも、根っこの部分、すなわち土台に関する意味を読み取ることができるだろう。

杯が逆さに置かれているように見えることから、「隠されたもの」という意味も与えられているようだ。その隠されているものとは、魔法の酒が持つ豊かな知恵であるとも考えられる。潜んでいる豊かな知恵に裏打ちされた、安定した土台を持つルーンなのである。このルーンが占いで出ると、豊かな知恵や知識が、物事の土台や根っこの部分を安定させられると判断できるだろう。

平和や反戦のシンボルであるピースマークは、この文字を円で囲んだ形であることにお気づきだろうか。ピースマークは20世紀に入って手旗信号を元に作成されたとされ、ルーン文字との関係はない。しかしイギリスで制作されていることから、どこか潜在的な部分でつながっているのでは……と思ってみるのも、悪くはないだろう。

このルーンは、エルダーフサルクの「エオロー」を逆さにした形のため、ルーンストーンやチップを自作する際には注意が必要である。両者を区別すべく、「エオロー」か「カルク」のどちらか片方に、印をつけておくことをお勧めする。

正位置

占いの意味

豊かな知恵や知識の土台がある、安定した状態。知恵や知識を活かして、土台を築く。基礎をしっかりと学び、根を深める。隠されている、知恵や才能などの良いもの。創意工夫をして、物事を安定させる。土台や根がしっかりしている状態。豊かな心から、平和や反戦を求める。少しのトラブルでは揺るがない精神状態。知恵や知識をひけらかさない謙虚さ。

◇ 願いが叶うか

その願いは、着実に叶っていく可能性が高い。あなた自身が、願いを実現させる能力を持っているためである。棚ボタ的にではなく、不断の努力の蓄積(ちくせき)によって叶うだろう。

今のあなたへのメッセージ

今のあなたの生活態度や行いは、正しく誠実なものであると、ルーンが告げています。人が見ていないところでも仕事や勉学を重ねて、陰徳を積み続けているのでしょう。ただし、ちょっとだけ控えめで、謙虚すぎるのかもしれません。何となく「損をしているな……」と感じるのは、あなたが表に出ていないから。時にはきっぱりと自己主張をして、自分のために大胆に動いてみましょう。意外とその方が、周りから信頼されるはずです。

逆位置

占いの意味

土台が緩(ゆる)い状態。ない知恵や知識を披露し、知ったかぶりをする。実際以上に自分を良く見せようとする。基礎ができていないのに、難しいところに手を出す。基本や基礎を軽視しつつ、派手な活躍を求める。地道な努力を嫌い、大きな成功を求める。少しのトラブルで動揺して、足元が崩れる。実際以上に自分や何かを高く評価している。

◇ 願いが叶うか

あなたが求めているその願いは、このまま進んでも叶わない可能性が高い。それは、願いを叶えるための土台ができていないからだろう。もしくは理想が高いからとも考えられる。

今のあなたへのメッセージ

どうやら今のあなたは、地に足がついていないようです。夢見がちになっているというよりは、少し頭でっかちになっているのかもしれません。理想的な発言をしていても、行動が全く伴(ともな)っていない……ということはありませんか？　言うだけは簡単であり、動くことの方が遥(はる)かに難しく、そして大事であると心得ておきましょう。そして、自分を客観的に見ることが大切。痛いほどに自分を観察するほど、自分にも人にも優しくなれるはずです。

STAN
スタン

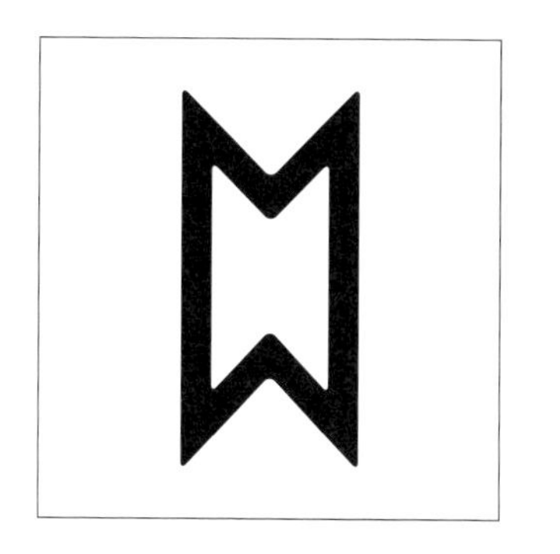

キーワード 石
音　価 st
現代英語 Stone（石）

ルーン文字の説明

2つの「ペオース」を向かい合わせてくっつけた形のこのルーンは、古英語でSTAN、訳して「石」が象徴とされている。STANは、現在の英語のSTONEの語源である。古くからルーン文字が彫られることが多かったように、石や岩はルーンとの親和性が高い。遺(のこ)されている33文字が並んだフサルクの中では、次に説明する「ガー」ではなく、この「スタン」が33番目の最後の文字になっているものもあるようだ。

北欧神話で石、もしくは岩といって浮かぶエピソードは2つある。まずは雷神トールの話に出てくるものである。

怪力を持つトールは、巨人の中でも醜い姿と性格を持つ３人の女家族から嫌われていて、殺意まで持たれるほどであった。いくつかの経緯があって、悪神ロキの策略により、トールは一人でその巨人の女家族の家に行くことになる。家に入って石で囲まれた部屋に移動すると、そこには石でできた椅子が置いてあった。トールが座るやいなや、その石の椅子が勢いよく飛び上がった。あわや天井の石と挟まれて押しつぶされるところだったが、たまたま強力な魔法の武器を持っていたために、難を逃れることができたのである。次の瞬間、飛び上がった椅子がドシンと下に落ちると、恐ろしい悲鳴が聞こえた。トールを殺そうと目論んでいた巨人の２人の娘が、椅子に押しつぶされて死んだのである。

北欧神話の中のもうひとつの石は、「イオー」でも説明した、悪神ロキを縛りつけた石である。神々はロキの策略に怒り、洞穴の中のとがった岩に縛りつけた。その後、神々の闘いのラグナロクが訪れるまで、ロキはその場から動くことができなかったという。

石はその固さと、頑として動かないイメージから、どっしりと安定した、少々のことでは揺るがない状況や精神状態を思い浮かべることができる。例えば東洋の五行で石は「土」の要素に属するが、土はやはり安定感があり意志が強く、頑固な性質を表すことが多い。軽々と動くのではなく、ジッとその場で動かずに耐え忍ぶイメージである。

前掲した神話からは、石や岩は悪い者をやっつけたり、抑えたりする働きを持つことが読み取れる。長い年月をかけて地球

で成長した天然石が、人間を守護する働きを持つように、悪意や妨害から身を守るという意味も、このルーンに付与している。

占いの意味

安定していて揺るぎない状態。頑(がん)として動かない状態。ジッと忍耐強く待つ必要がある。少々のことでは動かない頑固な人物。下手に動かずに、現状維持を心がけると良い。良くも悪くも頭が固く、意志を曲げない状態。意固地になっている状態。グラウンディングの成功。人の悪意や妨害から、守られている状態。悪い感情や存在を、跳(は)ねのける力がある。

◇ 願いが叶うか

叶うかどうかは、その願いの内容にもよる。積極的な行動が必要な、何かを拡大する類(たぐい)の願いは叶いにくいだろう。反面、何かから守られることを求める願いは叶いやすい。

今のあなたへのメッセージ

あなたは今、「自分の考えや行動は正しい」と感じて、周りの人達を批判したくなっていませんか？　もしくは「人の意見はアテにならない」と思い、アドバイスにも耳をふさいでいるかもしれません。それはあなたの意志の強さの表れですが、自分の価値観に執着すると、視野や自分の世界が広がりにくくなってしまいます。未体験のことにも興味を持つこと、人の話をよく聞くこと……そこから、次の新しい可能性が見えてくるでしょう。

※正逆が同じ形の「スタン」に逆位置はなし。

GAR
ガー

キーワード 槍（やり）

音価 g

現代英語 Gungnir（グングニル）

ルーン文字の説明

この文字のバージョンは、ここで掲げているものの他に、斜めにした正方形の中心に、大きめのバツ印を乗せた形のものもある。もともとほとんど使われなかった補足的な文字である故に、その情報量は少ない。キーワードは「槍（やり）」であり、北欧神話の総長的存在であるオーディンの槍、グングニルを表すとされている。

グングニルは、悪神ロキのために有能な小人がつくったとされる槍であり、贈り物としてオーディンに渡された。重心がよく取れるため、どこを狙って投げても必ず命中するという優れモノである。命中した後、

自動的に手元に戻ってくる、という説も存在している。長い木製の柄（え）に先のとがった金属の刃物がついた、ごく一般的な形の槍である。その槍の先端には、ルーン文字が刻まれているという。柄にはトネリコの木材が使われているという説もあるが、「エッダ」自体にそのような記述はなく、後からつけ加えられた説のようだ。オーディンが旅に出る際や、最後の闘いのラグナロクで、この槍は使用された。この複雑な「ガー」の形から、長い槍をイメージするのは少々難しいといえるだろう。

必ずしも33文字の中で最後という訳ではなく、時には「スタン」がフサルクの最後に書かれたこともあるようだ。それでも一般的にはアングロ＝サクソン型フサルクの最後の文字として締めくくる、重要な役割を与えられている文字であるといえる。

「目指して投げたものに、必ず命中する」というグングニルの性質から、このルーンの占い上のメインの意味に、「完全な肯定（こうてい）」が与えられている。何をしても必ず成功する、全ての物事が肯定的に進んでいく、何かを尋（たず）ねれば誰もがイエスと言う……等々である。

しかし、肯定か否定か――少し見方を変えれば成功か失敗か、という判断は、大抵が人間の主観によるものである。一時的に失敗したと思ったことでも、長い目で見ると人生の大きなプラス要素になっていたりするものだ。そうしたことから、この「ガー」が示す「完全な肯定」は、実は誰の人生にも起きていることなのかもしれない。

占いの意味

完全な肯定（こうてい）。完全なるイエス。質問の答えはイエスである。全てが上手くいく。誰もが善人であると感じる状況。物事を的確に進める確かな知恵を持つ。正しい方向へ進んでいる状態。間違いのないインスピレーションが浮かぶ。内面が浄化されたクリアな状態。精神的に悟（さと）りを得たような、心穏やかでポジティブな状態。真の幸福を感じる精神状態。

◇ 願いが叶うか

その願いが叶う可能性は、非常に高いといえる。それは魂（たましい）の目的に沿った、正しいものだからである。万が一叶わない場合は、別の理想への道が目の前に用意されるだろう。

今のあなたへのメッセージ

「あなたは、完全無欠である」――それが、このルーンが告げるメッセージです。最近、自分の欠点をあげつらっては、落ち込んでいる……なんてことはないでしょうか。この世の中に、完璧な人間などどこにいません。誰もが人が見ていないところで、密かに悩み落ち込み、涙しているのです。あなたも、この世界を構成する大切な一人。あなたはただあなたであれば、それだけで十分なのです。まずは自分を優しく労（いたわ）ってあげてください。

※正逆が同じ形の「ガー」に逆位置はなし。

第3章

ルーン占い

ルーンストーンによる占いと、ルーンカードによる占い

歴史の部分でも述べたように、文字を「書く」手段がなかった古代北欧の人々は、ルーン文字を「刻(きざ)んで」残す風習があった。彫るのに適した形を持つ文字の形体からも、ルーン文字はただペンで書いたり印刷したりするより、実際に石や木に彫りつけた方が、高い神秘的な力を持つのではないかと想像される。

ただし、その頃とは比較にならないほど印刷技術の発達している現代では、紙に印刷された「ルーンカード」というものが、広く出回るようになった。それは実際に石などを使うよりも製作時のコストが安く、製作も楽であるため、というのが一番の理由だろう。特にキットとして本に付録でつける場合に、紙に印刷したルーンの方が、本の値段を抑えられるというメリットがある。カードにはただルーン文字が印刷されているだけではなく、文字の意味に沿った華麗なイラストがつけられることが多い。文字だけのルーンよりもイマジネーションが湧きやすい、意味を読み取りやすい、という点も、ルーンカードのメリットであるといえるだろう。

ただし、はじめにも述べたが、ルーン占いはタロット占いに比べると、そのシンプルさが個性であり、長所であるといって良い。そのため色々なイラストをつけたルーンカードでは、特徴がタロットカードに似てきてしまい、既にタロット占いが普及している現代では、それならばタロットで占った方が早い、ということになりやすい。実際に占い方もタロットと似た形になり、広いテーブルを必要として、両手でかき混ぜるシャッフルという形から入ることになる。

そうとはいっても、実際に小石や木片、パワーストーンと呼ばれる

天然石などで作成されたルーンストーン（便宜上、木製やプラスチック製のものも合わせてルーンストーンと呼ばせていただく）は、占いやすかったり、ルーン文字の真意を汲みやすかったりする点はメリットであるが、値段が高かったり、入手しにくかったりする点がデメリットである。

そうした場合に、自分だけのオリジナル・ルーンストーンを作成する、という手段もある。同じ大きさで握りやすい同種のパワーストーンを25個、もしくは34個購入して、少し大変ではあるだろうが、彫刻刀などで文字を浅く掘り込んだり、マーカーで書き込んだりするといいだろう。川原などへ行き、同じくらいの大きさの、丸くなっている綺麗な石を25個、もしきは34個拾ってきてもいいし、海岸へ行って、やはり同じくらいの大きさの貝殻を拾ってくるのもお勧めである。陶芸のような形で、ルーン文字を入れた小さな粘土を焼くというのも、オリジナル・ルーンを入手するには良い方法だろう。

25個と34個、どちらがいいのか

タキトゥスの著書『ゲルマニア』の記述のように、ルーン文字は登場した当初から、占いに使われていた。そして呪術に使われていた形跡があるのは、「ウィルド」を抜いた24文字のエルダーフサルクだけである。それを考えると、強い神秘の力を持つのは、24文字であると考えるのが自然である。

しかし、それから気が遠くなるほどの長い時が流れた現代、人々の文字に対する感覚は、かなり薄れているといっていいだろう。本書で取り上げたアングロ＝サクソン型フサルクに追加された9文字も、現代から見れば既に遠い過去のものであり、それは神秘的な光を輝かせて見えるのである。そのため占いに使用するのは、25個であれ34個であれ、自分にとって馴染みやすい方、ワクワクする方を選んで問題ないといえる。

ストーンとカードの占い方の違い

次の項目から、ルーンストーンと、ルーンカード別の占い方や展開方法（スプレッド）を記載していく。ルーンストーンがルーンカードと大きく違う点は、「投げて占うことができる」という点である。ただし1枚1枚引く展開方法に関しては、ストーンであってもカードであっても分け隔てなく使うことができるので、あまり厳密に分けて考える必要はない。ルーンカードの項目に書かれた展開法をルーンストーンで試してみたとしても、あるいはその逆であっても、特に何の問題もないのである。

逆位置は無理に取らなくていい

本書では、正逆の判断ができる形のルーン文字において、逆位置の意味を掲載している。しかし逆位置を採用するかどうか、というのはその人の好みによるため、必ずしも取らなくても良い。

『ルーン・リーディング』を初めて出した2006年頃は、ルーン占いもタロット占いも、逆位置を使うのが主流だったと記憶している。特に古いルーン占いの本では、ルーンを投げた際の、「裏向きに出た場合の正位置」、「裏向きに出た場合の逆位置」という意味まで書かれ、その情報量の多さに面食らったものだ。それから時代は流れ、どんどん「手っ取り早く、簡単に」という方向へと進んでいる。今ではルーン占いもタロット占いも、逆位置を採用する人の方が少ないといえるかもしれない。そして今後は全ての卜術において、逆位置を取らない方法が主流になるのでは、と考えられる。

「逆位置を採用しない」もしくは「採用する」と決めた場合は、ルーンを引く時やシャッフルする時にも、そのことを意識するようにする。採用しない場合は、例えストーンやカードが逆向きで出たとしても、正位置に戻してジッと文字を見つめつつ、判断を下すようにする。

逆位置を採用するメリットは、単純に読むバリエーションが増えるという点である。逆位置ということで、自然とネガティブな意味が増えるが、もともと現実は厳しさを感じる面が多く、よりリアリティを持った占い結果を引き出せると感じている。正直なところ、全てが正位置であると、読み方によってはお花畑のような占い結果ばかりになりがちである。下手をすると、現実逃避の道具にもなりかねない。逆位置を採用しないのであれば、きちんと正位置からも、ネガティブな結果も引き出せるように意識する必要がある。

そして逆位置を採用するデメリットは、単純に「ひと通りの意味を覚えるのが大変で、時間がかかって面倒臭い」という点だろう。特にストーンは文字だけとなり、豊かな絵柄からイメージを引き出せるタロットカードなどと違い、ある程度意味を丸暗記しなければならない。それが億劫（おっくう）な場合、逆位置の意味もひと通り覚えなければ……となると、占い自体が苦痛になってしまう。軽くルーン占いを楽しみたい、という感覚であれば、無理をせずに正位置だけで占えば問題はないといえる。もしくは正位置の意味だけを覚える場合は、「逆位置になると、正位置が持つネガティブな面が強く出る」もしくは「正位置の意味とほぼ正反対の意味になる」と決めて、正位置が持つ意味から逆位置を読み取ることもお勧めである。

次の項目で、ルーンストーンとルーンカードに分けて、スプレッドを紹介していく。まだ34個のルーンストーンが普及していないこともあり、ストーンの実占例だけは25個のルーンを使ったもののみになるので、ご了承（りょうしょう）願いたい。

ルーンストーンによる占い方法

スプレッド 1　ワンオラクル

タロット占いでも、このワンオラクルという占い方法は存在する。そして後述するが、ルーンカード占いにも、当然のようにこのワンオラクルは存在する。ただしどれも微妙に占い方が違うので、その点は注意して欲しい。

ルーンストーンによるワンオラクルの占い方は、いたって簡単である。25個、もしくは34個のルーンを入れた丈夫な袋の中に片手を入れて、質問事項を頭の中でしっかりと念じてかき混ぜながら、これだと感じるルーンを１個引き出すだけである。このときに正逆をしっかりつかめるように、中途半端にルーンが横向きにならないように注意する必要がある。また、凹凸(おうとつ)がある文字を袋の中で指でなぞって、思い通りのルーンを出そうとする行為は占いとしての意味がなく、言語道断(ごんごどうだん)である。質問事項にしっかり意識を集中し、それ以外のことには無心になって、ひとつのルーンを選んで欲しい。

占うときの手は、右でも左でも、引きやすいと感じる方で差し支えない。右利きの人にとっては左手が潜在意識を表し、左利きの人にとっては右手が潜在意識を表すという説もある。そのためその潜在意識を表す方の手を利用するという考え方もあるが、それは参考程度にしていただければ良い。

このように、ルーンストーンで占う場合は、１個ずつ時間をかけて、ルーンを引き出すことになる。そのためカードの場合と違い、少数のルーンを使ったスプレッドが適している。

引いたルーンの意味は、前項の各ルーンの意味を参照にして欲しい。特に占いたいことがない場合は、「今の自分に必要なことは何ですか？」と尋ねながら1個を引き、各ルーンの意味のページの最後に記載した「今のあなたへのメッセージ」を読み、そのルーンが伝えようとしていることを汲み取るのがお勧めである。

このワンオラクルは、ルーン占いの基本中の基本である。複数のルーンを使うスプレッドを覚えて、無理に複雑な読みをしようとしなくても、取りあえずこのワンオラクルさえ覚えていれば、ルーン占い師として不自由はしないだろう。集中力が続く限り、次々とさまざまな問題を占うことが可能なのである。

実占例 1

鑑定依頼者は、19歳の女子大生。学業がかなり忙しくなり、アルバイトを続けることが苦痛になってきたという。アルバイトを辞めた方がいいだろうか？　という相談内容である。

出たルーン／「ダエグ」（正逆なし）

（25個エルダーフサルク使用）

占う際に、ルーンに対して「どのように質問を伝えるのか」というのは、非常に大事な点である。例えば今回の場合は、主に「アルバイトを続けると、どうなるか」「アルバイトを辞めると、どうなるか」「取りあえず、どうすれば良いかというアドバイス」の、3通りの質問の仕方が浮かぶ。ただ漠然と何も考えずに占うと、ルーンを出してもどう答えていいのか困惑してしまうので、できる限り質問内容を具体的なもの

に絞ることが大切である。

今回は、「どうすれば良いかというアドバイス」を求めたところ、「ダエグ」が出た。「ダエグ」のキーワードは1日であり、日々が淡々（たんたん）と継続されていく……というイメージを持つルーンである。すなわち、アルバイトを辞めるのではなく、「継続した方がいい」と告げていることが分かる。忙しい期間はできる範囲でお休みをもらうなどして、無理のない範囲で工夫をしながら、アルバイトを続けることを検討すると良さそうだ。

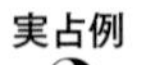

鑑定依頼者は、45歳の男性会社員。明日は大事な取引先との打ち合わせがあり、相手に対してどのような態度を心がけるといいだろうか？　という相談内容である。

出たルーン／「アンスール」（正位置）

（25個エルダーフサルク使用）

オーディンの知恵がキーワードの「アンスール」は、知恵や知識を表すルーンである。活発に話し合うイメージから、「自分の意見やアイデアを、積極的に話すこと」というアドバイスが浮かぶ。ただ相手の話を聞いて合わせるだけではなく、自己主張も大いにした方がいいということだ。それと同時に、自分が持つ専門知識や最新情報もどんどん出していくと良い。それが相手にとって大きなメリットとなり、相手からの知識や情報を引き出すことができて、さらに話し合いが活発になるだろう。

スプレッド2　オーディンの杖（つえ）

これは、気になる相手の気持ちを潜在意識の部分まで読むという、利用しやすいスプレッドである。

タロット占いでもそうだが、クライアントから多く尋ねられる質問に、「好きな人の、今の自分に対する気持ち」がある。これは人の気持ちが移ろいやすいため、一度占ってもまたしばらく時間が経つと、「もしかしたら、少しは自分に対して愛情が湧いてきたかもしれない……」と期待するために、一人のクライアントが何度も何度も繰り返し行う質問だからであるともいえる。ただし、このルーンストーンで出した回答は、相手の気持ちの根本的なものが出てくるため、そう簡単にコロコロと変わるものではない。

ルーンのレイアウト

念じながら袋の中でルーンをかき混ぜた後に、心の中で「自分（もしくはクライアント）に対する、相手の表面的な気持ちを教えてください」と強く念じて、ひとつのルーンをつかみ出す。それを①の位置に置く。次に「自分（もしくはクライアント）に対する、相手の中間意識にある気持ちを教えてください」と強く念じて引き、同じように②の位置に置く。そして最後に「自分（もしくはクライアント）に対する、相手の潜在的な気持ち（もしくは恋愛感情の有無）を教えてください」と強く念じて引き、③の位置に置く。クライアントを占う場合は、相手に念じながら引いてもらってもいいだろう。

各位置のルーンの意味をまとめておくと、

① 相手の質問者に対する、顕在意識
② 相手の質問者に対する、中間的な意識
③ 相手の質問者に対する、潜在意識もしくは恋愛感情

解釈のポイント

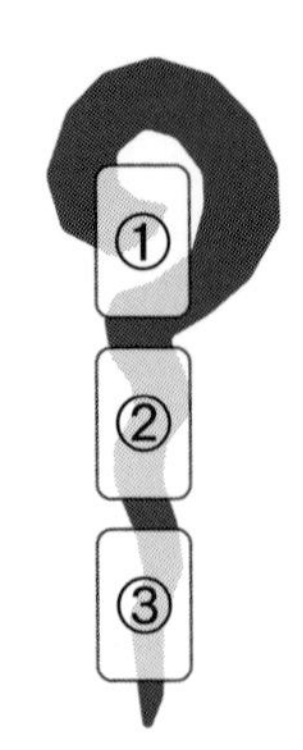

このスプレッドは、相手の質問者への意識を100%とした場合、①の顕在意識が占める率は約30%、②の中間的な意識が約31〜50%、③の潜在意識が占める率は約51〜100%程度が目安となっている。つまり、潜在意識が50%と非常に大きな割合を占めている。顕在意識は「建て前」に近く、潜在意識は「本音」であると考えていいだろう。②中間意識は、顕在意識と潜在意識をつなぐものである。時には本人自身も、その「本音」に気がついていないことがあるかもしれない。たった1枚のルーンで人間の気持ちを断定してしまうより、こうして3段階に分けて読んだ方が、さまざまな角度から相手の感情をつかむことができる。

また、恋愛占いの場合は、③は「恋愛感情があるかないか」という念じ方をして、引いた方が良い。そうしなければ、ただ質問者に人間としての好感を持っている場合も3つの全てのルーンが良い意味を持つものとなり、「相手も恋愛感情がある」と誤解しかねないからだ。この際に恋愛占いで一番重要なのは、③ということになる。

実占例 1

鑑定依頼者は、飲食店で働く24歳の女性。先日、幼馴染（おさななじ）みの友人と大きな口論となり、それ以来2週間ほどお互いに連絡を断っているという。依頼者は友人と仲直りしたい

と思っているが、相手はどう思っているのだろうか？　という相談内容である。

①相手の質問者に対する、顕在意識
／「ウル」（正位置）
②相手の質問者に対する、中間的な意識
／「ハガル」（正逆なし）
③相手の質問者に対する、潜在意識
／「フェオ」（逆位置）

（25個エルダーフサルク使用）

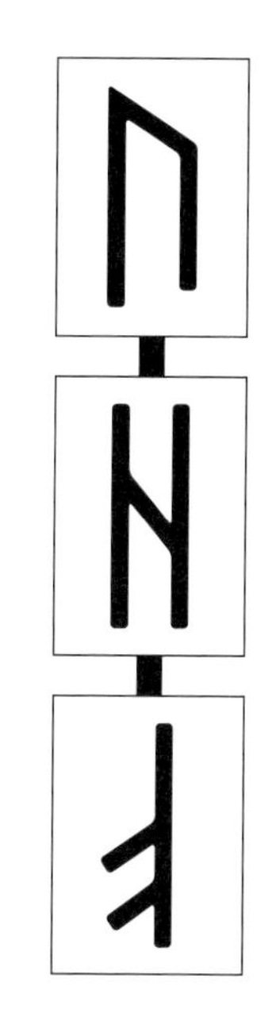

顕在意識と中間的意識の両方に、エネルギーの強いルーンが出ていて、友人も精神的ダメージを受け、質問者のことで普段からあれこれと考えて思い悩んでいることが想像できる。顕在意識が「ウル」であることを考えると、友人は自分から質問者に接触したい、という意思は表向きにはあるようだ。また、「自分は悪くない」という、自己を正当化している強気な姿勢でいる可能性もある。ただし、潜在意識の「フェオ」逆位置は、何か大事なものを失った、という喪失感を示す。基本的にフェオは物質を示すが、幼馴染みということで、「大事な友人」というちょっと物質化したイメージを持っていたのかもしれない。一番影響力の強い潜在意識に喪失感があるということは、結局自分から仲直りしようとする意欲を持っていない。自然の流れの中で様子を見て、もう縁がないのならば諦めよう、という気持ちが強いのだろう。そのため質問者から友人に働きかけなければ、仲直りは難しいといえそうだ。

実占例 2

鑑定依頼者は、42歳の女性会社員。婚活パーティーで知り合い、意気投合した男性と連絡を取り合っている。そこで、相手が自分との結婚についてどう思っているか、という相談内容である。

① 相手の質問者に対する、顕在意識
／「オセル」（正位置）

② 相手の質問者に対する、中間的な意識
／「ユル」（正逆なし）

③ 相手の質問者に対する、結婚への意識
／「ニイド」（正位置）

（25個エルダーフサルク使用）

恋愛問題に近いとはいえ、質問者が最も知りたいことは、「相手が自分との結婚について、どう思っているか」である。そのためここでは、③を潜在意識でも恋愛感情でもなく、結婚への意識に置き換えた。このように、スプレッドには自由に手を加えることができる。

顕在意識の「オセル」は、土の要素が強いルーンである。相手が質問者との関係を真面目に考え、失礼のないように、礼儀正しく接する気持ちがあることを示している。中間意識の「ユル」は、気が晴れない重い精神状態を表す。婚活に真剣ながらも、質問者との交際を深刻に考えすぎて、前向きになりにくい様子が読み取れる。そして一番重要である結婚への意識の「ニイド」は、上の2つのルーンと似通った、動きにくい深刻な精神状態を表している。決して質問者との結婚に否定的ではないが、「本当に結婚を決めていいのだろうか？」と、深刻に悩んでいる様子がうかがえる。

3つとも真面目さはあっても重苦しさを伴うルーンであり、「オセル」と「ニイド」に重圧感の強い土星が絡(から)むことから、結婚の決断には、かなりの時間がかかる可能性が考えられる。相手任せの受け身でいると、いつまでも煮え切らない態度を取られそうだ。

できるだけ質問者の方から結婚に歩み寄り、真剣に話し合う場を設けるといいだろう。

スプレッド3　マイ・ギューフ

どの占術であっても占いをする大きな醍醐味は、自分自身を見つめ直すことができる、という点だろう。それによって思わぬ欠点の指摘に目が覚め、修正する機会が得られることもある。逆に自分の意外な美点を知り、自信につながることもあるだろう。

ここでは、今現在の自分自身を客観的に見て、どのような人間であるかを判断する、というスプレッドを紹介する。

ルーンのレイアウト

図のように、真の愛情を表し「贈り物」というキーワードを持つルーン文字「ギューフ」の形に並べるスプレッドである。

念じながら袋の中でルーンをかき混ぜた後に、下の各位置のルーンが持つ意味を心の中で念じながら、ひとつずつ引いていく。まずは、「今の自分（もしくはクライアント）の長所、プラス点を教えてください」と強く念じて、ひとつのルーンをつかみ出す。それを①の位置に置く。次に「今の自分（もしくはクライアント）が、心の奥で恐れているものを教えてください」と強く念じて引き、同じように②の位置に置く。それを繰り返して、所定の位置に5個のルーンストーンを並べていく。クライアントを占う場合は、相手に念じながら引いてもらってもいいだろう。

各位置のルーンの意味をまとめておくと、

① 今の自分自身の長所、プラス点
② 今の自分自身が、心の奥で恐れているもの
③ 今の自分自身が、真に望んでいるもの

④ 今の自分自身の短所、マイナス点
⑤ 今の自分自身のトータル的な状態

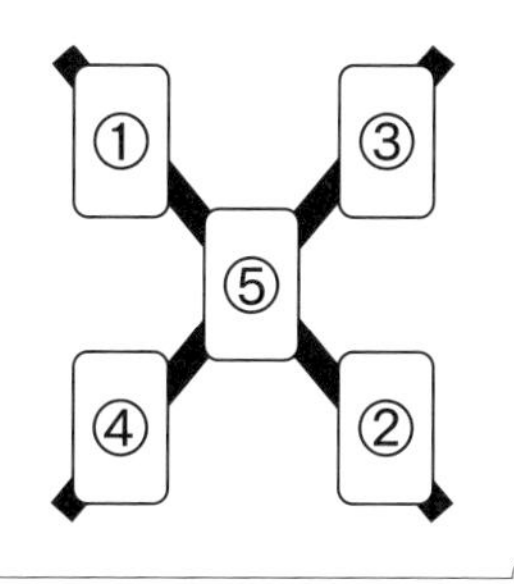

実占例
1

鑑定依頼者は、49歳の有職主婦。これからの人生で多くの人と関わり、行動範囲を広げたいという願望を持っている。それを踏まえて、今の自分を見直してみたい、という相談内容である。

① 今の自分自身の長所、プラス点 ／「エオロー」（逆位置）
② 今の自分自身が、心の奥で恐れているもの ／「ベオーク」（逆位置）
③ 今の自分自身が、真に望んでいるもの ／「ダエグ」（正逆なし）
④ 今の自分自身の短所、マイナス点 ／「オセル」（正位置）
⑤ 今の自分自身のトータル的な状態 ／「シゲル」（正逆なし）

（25個エルダーフサルク使用）

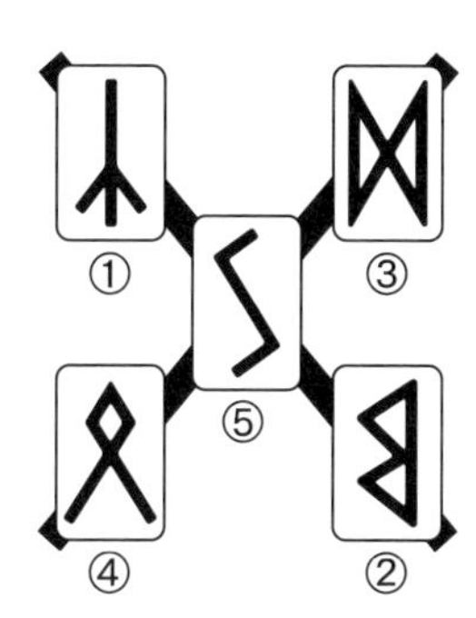

どのスプレッドもそうだが、展開した①から順番に読んでいく必要はない。最も知りたい位置から読んでもいいし、最も重要と思われる位置を始めに確認してもいい。ここでは、反対の意味を持つ位置を対比させて読んでみる。

客観的に見た自分の長所を示す①は、「エオロー」逆位置である。ポジティブな位置にネガティブなものが出ると、非常に読みにくいものである。「周りに馴染めず、孤立する」という意味があるが、それが長所となると、「誰ともつるまず、適度に距離を置いている」「人に頼らず自立しようとしている」というように、ポジティブな内容に読み替えるといいだろう。その反面の④自分の短所やマイナス点は、「オセル」正位置。ネガティブな位置にポジティブなものが出ても困惑はするが、ここではネガティブな内容に置き換えて読むようにする。真面目で義理堅く人と接することが、人から「気さくに話せない」と思われる原因になっているかもしれない。①と④を合わせてみると、誠実さと真面目さがあるが、人に頼ったり甘えたりしないため、それが人との精神的距離を詰めにくくしていることが考えられる。

次に、願望と恐れを確認する。③真に望んでいるものには、平和な日常生活を示す「ダエグ」が出ている。そして、②心の奥で恐れているものは、べったりと甘える姿勢の強い、「ベオーク」逆位置である。心の奥で求めているものは、決して華やかで大それたものではなく、淡々と過ぎていく平和な日々なのだろう。①と④で、人に甘えない姿勢が出ていたが、「ベオーク」逆位置がそれを裏づけている。人に寄りかかること、甘えることに恐れを感じているようだ。その根本的な原因を、幼少の頃などに遡って、探ってみるといいかもしれない。

どこか抑え込むような精神状況の中で、⑤トータル的な状態には、燦々と輝く太陽である「シゲル」が出ている。人に頼らず多くを求めないながらも、明るい未来を期待して、光り輝いている精神状態であるといえるだろう。

実占例 2

鑑定依頼者は、34歳の自由業の男性。芸術的感性を活かし、自分の作品を生み出しては主にネットで販売している。人間関係を上手く構築できない、という悩みを持っての依頼である。

① 今の自分自身の長所、プラス点／「ラド」（正位置）
② 今の自分自身が、心の奥で恐れているもの
／「アンスール」（正位置）
③ 今の自分自身が、真に望んでいるもの／「ニイド」（正位置）
④ 今の自分自身の短所、マイナス点／「フェオ」（逆位置）
⑤ 今の自分自身のトータル的な状態／「ペオース」（逆位置）

（25個エルダーフサルク使用）

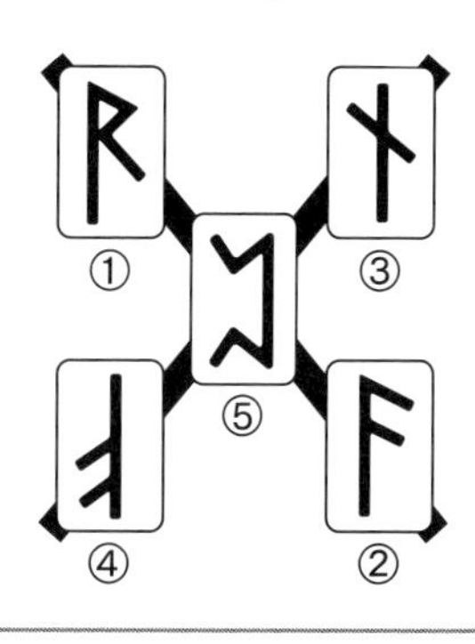

この例でも、まずは質問者の長所と短所から確認してみる。①長所とプラス点は、スピーディーに活動できる「ラド」である。その反面、④短所、マイナス点には、物質への執着心を表す「フェオ」逆位置が出ている。活動力には優れ、思い立ったら即動ける軽さがあるが、その根底には「もっと収入を得たい」という執着心がありそうだ。それが極

端になると、自分だけのメリットを求めて活動し続けることになるだろう。次に、③真に望んでいるものを見ると、行動が制限されることを示す「ニイド」が出ている。積極的に動き回っている割には、本音では、変動の少ない落ち着いた生活を送りたいのかもしれない。②心の奥で恐れているものは、会話、コミュニケーションを示す「アンスール」。質問者も言っているように、人との交流に恐れを感じているようだ。それが「ニイド」の縛りつけられたような、狭（せま）い生活を求める要因であるともいえるだろう。⑤トータル的な状態は、「ペオース」逆位置。コロコロと変わる不安定な精神状態、情動を表している。人間関係の構築の苦手さは、この不安定さも大きな要因であるようだ。

　自分のメリットのみを求める点、気分屋で人に合わせるのが困難な点を克服することで、ようやく安定した人間関係を築けるようになるのだろう。

スプレッド 4 デイリー・トライアングル

いつでも気軽に占える、日運を占うスプレッドである。できれば前日の夜に占うといいが、当日の朝でも問題ない。3個のルーンを三角形に並べ、それぞれ午前中の状況、午後の状況、夕方から夜の状況を表している。出来事が出る場合もあるが、主に自分のその時間帯の心理状態が出る、と思っておくと的中率が上がるだろう。

時間帯の分け方について、こうしなければならないという決まりはない。自分の生活リズムに合わせて設定することをお勧めする。一般的には、①午前中が、起きた時から12時までの間、②午後は12時から17時頃の間、③夕方以降は、17時頃から寝る時までの間、と考えるといいだろう。

ルーンのレイアウト

念じながら袋の中でルーンをかき混ぜた後に、下の各位置のルーンが持つ意味を心の中で念じながら、ひとつずつ引いていく。まずは、「午前中の状況を教えてください」と強く念じて、ひとつのルーンをつかみ出す。それを①の位置に置く。次に「午後の状況を教えてください」と強く念じて引き、同じように②の位置に置く。最後に、「夕方以降の状況を教えてください」と強く念じて引き、同じように③の位置に置く。クライアントを占う場合は、相手に念じながら引いてもらってもいいだろう。

各位置のルーンの意味をまとめておくと、

① 占いたい日の、午前中の状況
② 占いたい日の、午後の状況
③ 占いたい日の、夕方以降の状況

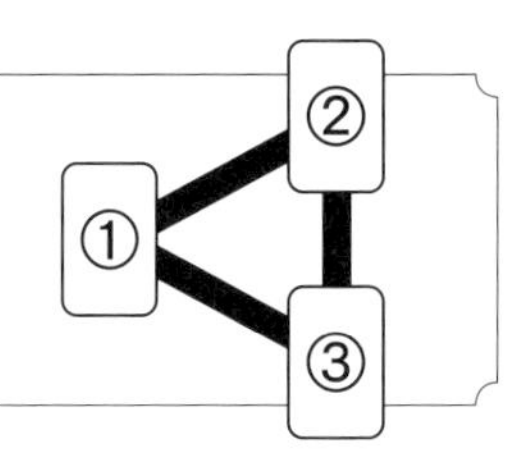

実占例

鑑定依頼者は、25歳の駆け出し占い師の女性。明日は午前から夕方にかけて、占いコーナーでの鑑定があるが、どんな1日になるだろうか？　という質問内容である。

① 占いたい日の、午前中の状況
／「イング」（正逆なし）
② 占いたい日の、午後の状況
／「ウル」（正位置）
③ 占いたい日の、夕方以降の状況
／「ティール」（逆位置）

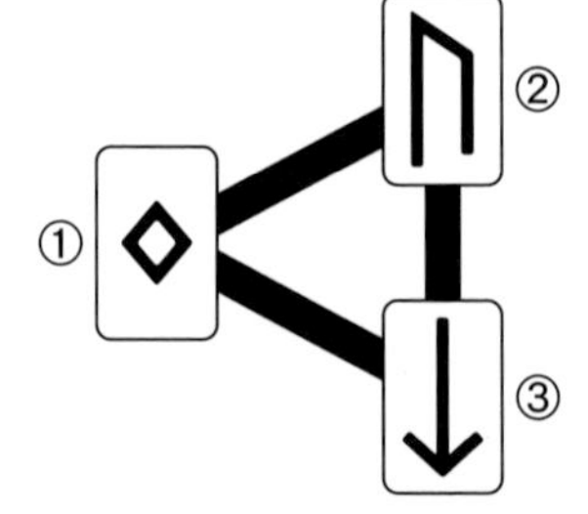

（25個エルダーフサルク使用）

全体的に見ると、3つとも良くも悪くも強さのあるルーンである。淡々と過ぎるのではなく、自分のエネルギーをどんどん放出するような、パワフルさのある日になると予想できる。

豊穣（ほうじょう）がキーワードの「イング」が出ている午前中は、心身の状態も良く、満足感を持てる時間帯となるだろう。話しやすいクライアントが訪れて、お互いに納得できる鑑定ができる、なんて場面があるかもしれない。そして午後は、非常にパワフルな「ウル」が出ている。クライアントが立て続けに訪れて、鑑定で忙しい時間帯になると想像できる。

ただし、夕方以降は「ティール」逆位置で、本書の意味に「エネルギー不足で、すぐに疲れを感じる。」などと書かれている。「ウル」の時間帯でエネルギーを放出した分、その後にぐったりと疲れる可能性が十分に考えられる。その後は予定を入れることなく、疲れを落とすことに専念するといいだろう。

スプレッド5 キャスティング法

ルーンストーンの項目に関しては、次から「キャスティング」という、投げて占う方法を記載していく。

はじめに、やり方としてはキャスティングの中で一番単純な方法であり、なおかつ古代から行われていた神聖なものを紹介する。

屋外もしくは室内の広い場所へ出て、自分の周りに半径1メートルほどの円を描く。円の大きさは特に厳密ではなく、自分の直観で描いていただければ良い。そして両手に25個、もしくは34個のルーンを直接持ち、質問事項を頭の中で念じながら、一気にそのルーンを真上に投げ上げる。そうすると、落ちたルーンはかなり遠くまで散らばるだろうが、落ちて円の中に入っているルーンだけに注目していただきたい。特にその中で、自分の一番近くに落ちたルーンが、その質問に対する一番強い回答なのである。正逆は自分からみてどちらを向いているか、手で拾ったときに正逆どちらであったかなどを参考にする。完全に横向きなどでどうしても正逆が不明の場合は、正位置と考えていただいていいだろう。その他に円の中に入っているルーンは、その一番近いルーンの意味の補足として考えるようにする。

このキャスティング法を行うときに注意していただきたいのは、この狭(せま)い日本では難しいかもしれないが、なるべく「広い空間」を選ぶことである。例えば自分の家の中ではリビングが一番広い場所であったとしても、すぐ近くにテーブルが置いてあるような状況では、この方法での占いは難しいだろう。円を描いてルーンを投げたはいいが、数個のルーンがテーブルの角に当たって跳(は)ね返り、どのルーンが本当に円の中に入ったのか、区別がつかなくなってしまう。その上に、飛び散った中の数個のルーンが行方不明となってしまい、半年後にタンスの下から埃（ほこり）まみれになって出てきた……なんてことにもなりかねない。

　また、ルーンを投げて落ちたときに派手な音がしないように、下に大きめのマットレスや毛布などを敷いて行うのもお勧めである。

実占例

　最近ルーン占いを始めた女性占い師Ａが、これからこの占いの仕事がどうなっていくのか、適性はあるのかということを、自分自身でキャスティング法を使い、占ってみた。

　その結果、自分の足の上に落ちたルーン「ヤラ」（正逆なし）を一番近いルーンとした。その他にも円の中に、自分に近い順から、「ウィルド」（正逆なし）「ペオース」（正位置）「ユル」（正逆なし）の、３枚のルーンが入った。

（25個エルダーフサルク使用）

　最も重要なルーン「ヤラ」は、Ａが今後コツコツと地道に仕事を重ねて、少しずつ実力をつけていくことを示している。特にこれから一年間は、大きく成長する期間となるだろう。そして「ウィルド」は、Ａがこの職業を選んだのは天からの導きであり、運命であったのだと読める。「ペオース」は「ヤラ」と性質がほぼ正反対といってもいいルーンだが、もしかしたら今後、仕事の形態を大きく変えるような突発的な出来事が起こるかもしれない。「ユル」は、ひとつのサイクルが終わることを暗示している。ただし一番遠いルーンであるため、その力はかなり弱い。これは数年後には、Ａがこのルーン占い師という仕事を辞め、全く別の仕事をすることになるかもしれないことを匂（にお）わせている。

　取りあえず「一年」を示す「ヤラ」が足元に落ちたのだから、遠い未来は何が起こるかまだ予測ができないが、これから一年間は、ルーン占い師として安泰であるといえる。

スプレッド6 ヒーロー・キャスティング

これも高い位置から全てのルーンを投げて占う方法である。ただし、前述した「キャスティング法」と違って投げ上げるのではなく、正方形を書いた紙の上に、投げ落とす形になる。

このスプレッドは、北欧神話のアースガルズの4男神(おがみ)が、それぞれ自分の性質に関するアドバイスを質問者に与えるものである。男神(おがみ)が選ばれていること、正方形も4も物質に関連することから、このスプレッドは仕事や金銭など、現実的な問題を占うのに適している。

ルーンのレイアウト

まずは、カレンダーやポスターの裏など大きめの白い紙を用意する。そしてイラストのように、正方形を四分割した枠(わく)をマジックペンなどで書き入れる。あまり大きく書くとたくさんのルーンが入って混乱するので、ひと枠の大きさは、幅が10〜20センチ程度あればいいだろう。自分の直観で決めていただいて大丈夫である。

そして、仕事や金銭に関する占いたい内容を念じながら、約1〜1.5メートルの高さから、その白い紙の中央に向かって、両手に抱えていた25個のもしくは34個のルーンを、一気に落とす。ルーンが傷ついたり大きな音が響いたりしないように、硬めのマットレスや毛布の上などで行うのがお勧めである。そして、各位置に入ったルーンを確認する。半分以上が枠に入っているものを、有効であるとみなす。裏向きになっているルーンは、上下が逆にならないように、本のページをめくるような要領で、横からそっと表向きにする。完全に横向きになっているルーンは、正位置であるとみなすが、直観で逆位置だと思ったら、その直観を優先する。

各項目の意味は、下記の通りになる。

① バルドル／この問題のプラス面
② オーディン／この問題の今後の展開
③ ロキ／この問題のマイナス面、隠された問題
④ トール／今起こすべき行動

① バルドル	② オーディン
③ ロキ	④ トール

解釈のポイント

ルーンがひとつも入らなかった箇所、逆に複数のルーンが入った箇所などが出てくるだろうが、複数ルーンが入っている項目が、重要な項目であると考える。何もない項目に関しては、今は特別に伝えるべきことがない、と捉(とら)えることができる。②の「このまま進むとこうなる」という今後の展開を確認し、①のプラス面と③のマイナス面を参考にしながら、④を対策として実行に移すと、例え②が良くない結果であったとしても、その流れを変えることができるはずだ。

実占例
1 鑑定依頼者は、33歳のサラリーマン。これから仕事で大きなプロジェクトに取り組むが、それが成功を収めるか、という相談内容である。

①バルドル（この問題のプラス面）／「ラド」（正位置）
②オーディン（この問題の今後の展開）／「ペオース」（逆位置）
③ロキ（この問題のマイナス面、隠された問題）／「ケン」（正位置）
④トール（今起こすべき行動）／ルーンなし

（25個エルダーフサルク使用）

この問題のプラス面は「ラド」で、希望を持ってスピーディーに前進していくパワフルさがある。ヤル気もあふれているだろう。③のマイナス面には、「ケン」が入っている。本来ポジティブな意味のルーンであるが、マイナス面として捉えると、情熱を燃やして慎重さを失い、単独で突っ走りやすいと考えられる。②今後の展開「ペオース」逆位置は、困ったことに予想外の方向へ流れたり、予想外の出来事に翻弄（ほんろう）されたりする可能性が高い。

④の対策にはルーンが入っていないため、質問者自身はなすすべがなく、状況に流されていくしかないと思われる。それでも他のルーンが突っ走りやすいことを示していることを考慮すると、検討を重ねながら時間をかけて、慎重に進めていくことが必要であるといえるだろう。

実占例 2

鑑定依頼者は、30歳の女性派遣社員。そろそろ結婚を望んでいるが、今のところお相手がいない。このまま流れに任せていれば、そのうちに結婚できるだろうか、という相談内容である。

① バルドル（この問題のプラス面）／ルーンなし

② オーディン（この問題の今後の展開）／「ウィン」（正位置）

③ ロキ（この問題のマイナス面、隠された問題）／「ニイド」（逆位置）

④ トール（今起こすべき行動）／「ベオーク」（正位置）

（25個エルダーフサルク使用）

プラス面を示す①にルーンは入っておらず、③マイナス点に入った「ニイド」逆位置は、苦労を重ねてもなかなか報われないことを表すルーンである。現状は仕事が忙しすぎたり、結婚を深刻に考えすぎたりして、しばらく身動きが取れない状況が続きそうだ。

しかし、②今後の展開には、喜びと幸せを感じる出来事が訪れることを示す「ウィン」が入っている。特に結婚紹介所を頼るような、強引な動きを取らなくても、自然の流れに乗っていれば、いずれ結婚できる人と縁ができる可能性がある。

アドバイスを示す④には、母性本能を司（つかさど）る「ベオーク」が入っている。男性に結婚したいと思われやすいように、母性的な面を伸ばすと良い、と告げているようだ。例えば料理上手を目指したり、植物やペットを育てて可愛がったりすると良い……と判断できる。

スプレッド 7　ホロスコープ・キャスティング

この方法も、投げて占う方法である。西洋占星術を知っている人であれば、これはそのホロスコープが元になっていることが、すぐに分かるだろう。タロット占いにも同じくホロスコープというスプレッドがあるが、それと原理は全く同じである。

このスプレッドは、全体的な運勢を占いたいときに使用する。例えば、これから一年間の全体的な運勢はどうなるか、もしくはこれから1か月間の全体的な運勢は……というように、期間も自由に変えられる。①の位置が1月の運勢、②の位置が2月の運勢……というような、月別の形での一年間の運勢を占うことも可能である。

ルーンのレイアウト

まずは、カレンダーの裏などの大きな白い紙に、イラストのようなホロスコープの形を書く。①から⑫までのどの部屋も、大きさは均等になるように注意して欲しい。「キャスティング法」のときのように、ルーンが傷ついたり大きな音が響(ひび)いたりしないように、硬めのマットレスや毛布の上などで行うのがお勧めである。

そして、占いたい期間などを念じながら、約1〜1，5メートルの高さから、その白い紙の中央に向かって、両手に抱えていた25個もしくは34個のルーンを一気に落とす。そして各位置に入ったルーンを確認する。半分以上が枠に入っているものを、有効であるとみなす。裏向きになっているルーンは、上下が逆にならないように、本のページをめくるような要領で、横からそっと表向きにする。完全に横向きになっているルーンは、正位置であるとみなすが、直観で逆位置だと思ったら、その直観を優先する。

各項目の意味は、下記の通りになる。

① 質問者の状態
② 普段使う金銭の状態、物質運
③ 勉強運、国内旅行、兄弟
④ 家庭運、住居、母親
⑤ 恋愛運、レジャー、子供
⑥ 健康運、ペット、雇われた仕事
⑦ 結婚運、配偶者、協力者
⑧ 貯蓄状態、遺産相続
⑨ 海外旅行、大学、試験
⑩ 天職、仕事、名声、父親
⑪ 友人関係、希望
⑫ 潜在した物事、精神状態
⑬ 全体運

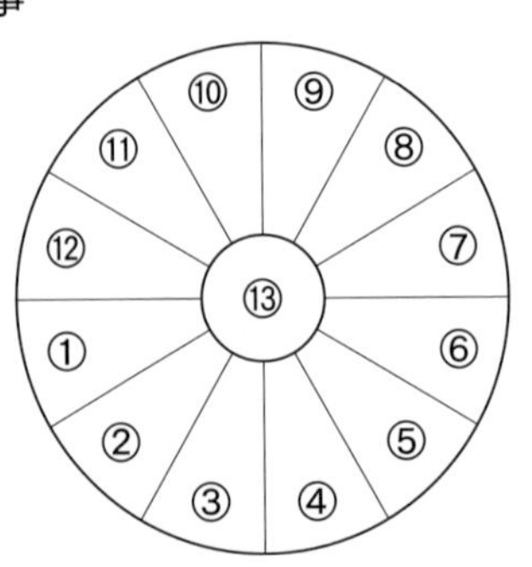

解釈のポイント

1箇所に複数の項目があるが、事前にその中から、占う人にとって重要な項目を選定しておく。例えば兄弟との仲を知りたい場合は、③勉強運、国内旅行、兄弟の3つの中から、「兄弟」を選んでおくのである。そうすれば、入ったルーンがどの運のことを示しているのか、迷うことがなくなる。

ルーンがひとつも入らなかった箇所、逆に複数のルーンが入った箇所などがあるだろうが、それで良いのである。複数ルーンが入っている項目が、占った期間の中で大きな動きのある項目であると考えて良い。何もない項目に関しては、その期間は特別に注目すべき出来事は起きない、と考えることができる。

まずは⑬の全体運の状態をみる。そしてそれを意識しながら、①から順にひとつひとつの項目を調べていく。⑬の状態が良ければ他の位置のルーンが悪くても、その悪い意味は軽減される。逆に⑬の状態が悪ければ、他の位置のルーンが良くても、その良さは軽減されてしまう。

実占例

1 鑑定依頼者は、春に就職予定の22歳の男子大学生。これから一年間の運勢を、仕事が順調に進むかどうかを中心にして知りたい、という依頼である。

① 質問者の状態/「マン」（逆位置）
② 普段使う金銭の状態、物質運/「オセル」（正位置）
③ 勉強運、国内旅行、兄弟/ルーンなし
④ 家庭運、住居、母親/ルーンなし
⑤ 恋愛運、レジャー、子供/「ヤラ」（正逆なし）
⑥ 健康運、ペット、雇われた仕事/「エオー」（逆位置）
⑦ 結婚運、配偶者、協力者/ルーンなし
⑧ 貯蓄状態、遺産相続/「ギューフ」（正逆なし）
⑨ 海外旅行、大学、試験/ルーンなし
⑩ 天職、仕事、名声、父親/「ダエグ」（正逆なし）
⑪ 友人関係、希望/「ニイド」（正位置）
⑫ 潜在した物事、精神状態/ルーンなし
⑬ 全体運/「ケン」（逆位置）「ハガル」（正逆なし）

（25個エルダーフサルク使用）

全体運の⑬には、2個のルーンが入った。まずは、突然雹（ひょう）が降り落ちるような精神的ダメージを受けることを示す、「ハガル」である。就職して環境が一変することが、精神面を大きく揺れ動かす一年になりそうだ。同時に入った「ケン」逆位置は、炎が消えたようなヤル気が出ない状態を表す。まずは、この2つのルーンを頭の中に入れておく。

次に、肝心（かんじん）の仕事運を確認する。⑩天職、仕事の位置の他に、⑥を雇われた仕事を表すとし、主にこの2つで判断する。この2か所には、運良くルーンが入った。せっかちや物事から離れることを意味する⑥「エオー」逆位置を見ると、さっさと仕事を辞めてしまうのではないか……という考えが、一瞬よぎる。しかし、⑩「ダエグ」は、日々の仕事をコツコツこなす姿勢を表すため、決してそういう訳ではないようだ。「エオー」逆位置は、仕事面で深く考えずに動いて失敗したり、仕事が予想とは違う方向へ変化していったりすることを表している、と考えていいだろう。

それにかぶせるように、本人の状態を確認する。自分の状態を表す①「マン」逆位置は、人を信頼できないことで、協力者が得られず孤立しやすいことを示している。⑪友達関係、希望には「ニイド」が出ているように、仕事が忙しすぎて親しい人と会えなかったり、未来への希望が持ちにくかったりすることが想像できる。自由のなさから追い詰められた精神状態にならないよう、楽しみの時間を持つ必要が感じられる。⑤をレジャー運と捉（とら）えると「ヤラ」が入っていて、新しく何かを始めるのではなく、今まで続けている趣味や遊びを楽しむようにするといいと読める。そうすることで、「ハガル」が示す動揺も和らぐかもしれない。

そうした中で希望が持てるのは、②「オセル」と⑧「ギューフ」を合わせた金運である。元気が出にくい状態の中でも、真面目に働くことがプラスに働き、お金に関しては安心感を持てるようだ。「オセル」の性質のように、普段も節度を持ったお金の遣い方ができるだろう。

実占例
2

鑑定依頼者は、30歳の有職主婦。現在子供はいない。30歳の誕生日を記念して、これから一年間の運勢を大まかにでも知りたいという相談内容である。

① 質問者の状態／ルーンなし
② 普段使う金銭の状態、物質運／「エオー」（正位置）
③ 勉強運、国内旅行、兄弟／「エオロー」（逆位置）
④ 家庭運、住居、母親／ルーンなし
⑤ 恋愛運、レジャー、子供
　／「ウィン」（逆位置）、「ケン」（逆位置）
⑥ 健康運、ペット、雇われた仕事／ルーンなし
⑦ 結婚運、配偶者、協力者／「マン」（逆位置）
⑧ 貯蓄状態、遺産相続／ルーンなし
⑨ 海外旅行、外国、大学／ルーンなし
⑩ 天職、仕事、名声、父親
　／「イング」（正逆なし）、「ウィルド」（正逆なし）
⑪ 友人関係、希望／「シゲル」（正逆なし）
⑫ 潜在した物事、精神状態
　／「ラーグ」（正位置）、「イス」（正逆なし）
⑬ 全体運／「オセル」（正位置）

（25個エルダーフサルク使用）

まず全体運をみると、安定感のある「オセル」が入っている。これは一年間そんなに波風が立たず、安定した規則正しい生活を送れると読んでいいだろう。

この「オセル」を参照しながら、他の位置のルーンも眺めてみる。複

数ルーンが入っている項目は、特に動きが起こりやすい重視すべき面である。まず⑤には「ウィン」逆位置、「ケン」逆位置。既婚者なので、恋愛ではなく子供運と設定する。この主婦は現在子供を望んでいるが、まだこれから一年間は、あまり期待できないかもしれない。次に、⑩に「イング」と「ウィルド」が入っている。今現在も仕事にはやり甲斐を感じており、これから一年間も仕事を存分に楽しめる期間となりそうだ。今の仕事が自分にピッタリ合った天職なのだろう。そして⑫には、「ラーグ」と「イス」。精神的には、どうもセンチメンタルな気分に陥(おちい)りやすいようだ。愛情や情熱の冷えなども実感するかもしれない。それを裏づけるかのように、夫を示す⑦には、「マン」逆位置が入っており、双方のワガママなどが原因で、信頼関係にヒビが入りやすいことを示している。⑤の子供の問題も、その気まずさに拍車をかける可能性も考えられる。⑪の友人関係は「シゲル」と屈託(くったく)なく楽しめる状況で、⑩の仕事の状況も合わせると、どうも家庭の外に意識が向きやすいようだ。

全てを合わせて考えると、一年間を通して大きく目立った動きはないものの、家庭内の空虚(くうきょ)さと、家庭外の充実さがうかがえる。もう少し夫との関係の改善に、エネルギーを注いだ方がいいのかもしれない。

ルーンカードによる占い方法

スプレッド 1 ワンオラクル

ルーンストーンのところでも「ワンオラクル」の方法を紹介したが、ルーンカードでは占い方が少々違ってくる。

基本的には、ストーンと同じように占っても特に問題はないだろう。ただし袋の中に入れて手でかき混ぜるやり方だと、カードをかなり傷めてしまう。トランプのように両手でシャカシャカと切り、裏向きのまま扇(おうぎ)のように広げる、もしくはテーブルの上に横一列に並べて、そこからピンと来るカードを引く……というやり方が、ベストのように思う。

しかし逆位置を採用する場合は、ルーンカードはタロットのように「シャッフル」という、カードを混ぜる動きから入る必要がある。全てのスプレッド（展開法）に共通しているので、ここでまとめて書いておく。

1 まずは、テーブルの上に白い布を敷く。特に限定しなくても良いが、『ゲルマニア』の中で白い布が使われていたように、布の色はなるべく白が良い。

2 そして、ルーンカードをまとめて裏向きにして布の上に置き、静かにその山を崩す。そして質問事項を念じながら、時計回りに、両手でルーンカードを混ぜていく。大体混ざったなと感じたら手を止め、その広く散らばったカードを、ひとつの山にまとめる。

3 その山を裏向きのまま、片手で横一列にそっと崩し、大体均等になるように並べる。

4 質問事項を念じながら、その列の中からピンとくるカードを1枚選ぶ。

5 カードを表に向けるときには、上下が逆にならないように、横からひっくり返すようにする。

上記が、ルーンカードで占う時の基本的な方法である。複数のカードを展開する方法であっても、基本的にひとつの質問につきシャッフルするのは1回のみで、横一列に並べた中から、次々とカードを直観で選んで、所定の位置に置いていくようにする。

直観でカードを選ぶという点が、タロット占いの上から何枚目かを展開場所へ置く、という点と大きく違っている。ただし、こうした卜(ぼく)術は大変柔軟性を持っているので、タロット占いと同じように、山の上から展開していっても差し支えない。ルーンカードは枚数が少ないので、その際には一番上のカードから順に、スプレッドに従(したが)って並べていくようにする。

解釈のポイント

1～5の順番に従って得られたワンオラクルの結果は、それぞれのルーン文字の説明の項目を参照にして、判断して欲しい。特に占いたいことがない場合は、「今の自分に必要なことは何ですか？」と尋ねながら1枚引く。そして、各ルーンの意味のページの最後に記載した「今のあなたへのメッセージ」を読み、そのルーンが伝えようとしていることを汲み取ってみるのがお勧めである。

スプレッド2 ノルンの予言

北欧神話でノルンの女神は、ウルズ、ヴェルザンディ、スクルドの3人で、それぞれ過去、現在、未来を司(つかさど)っている。その女神達から、神託を受けるスプレッドである。このスプレッドは分かりやすく、どんな質問にも適応できて便利なものである。

ルーンのレイアウト

231ページの「ワンオラクル」で書かれた順序でカードをシャッフルし、直観でカードを引き、①から④の順番で並べていく。

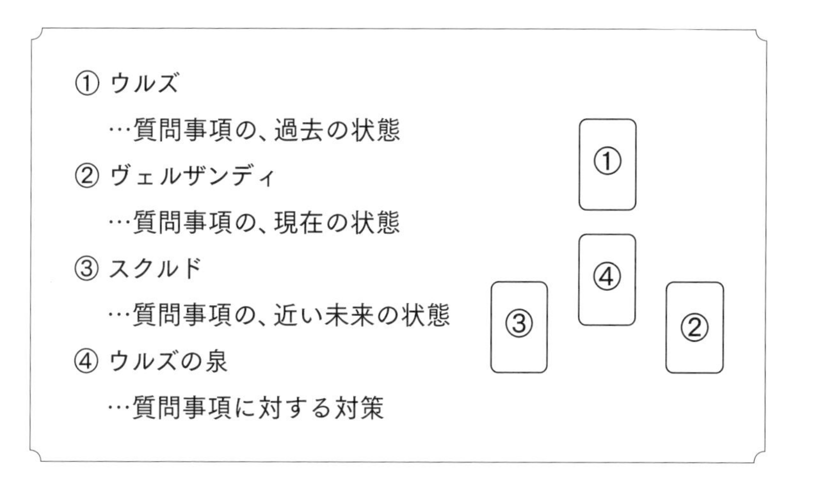

解釈のポイント

過去、現在、未来と、問題がどう流れていくかを確認する。そして中央にある「対策」が、最も重要なカードである。特に近い未来の状況が良くない場合は、対策を重視する。未来が思わしくなくても、対策を実行することで流れが変わっていくと考える。

実占例 1

鑑定依頼者は、44歳の会社経営者。昔から積極的に頑張る割には、お金に苦労することが多かったという。これからしばらくの間に、会社の資金状態は潤っていくだろうか？　という相談内容である。

① **ウルズ**（質問事項の、過去の状態）／**「オーク」**（逆位置）
② **ヴェルザンディ**（質問事項の、現在の状態）／**「ニイド」**（正位置）
③ **スクルド**（質問事項の、近い未来の状態）／**「イス」**（正逆なし）
④ **ウルズの泉**（質問事項に対する対策）／**「イル」**（正位置）

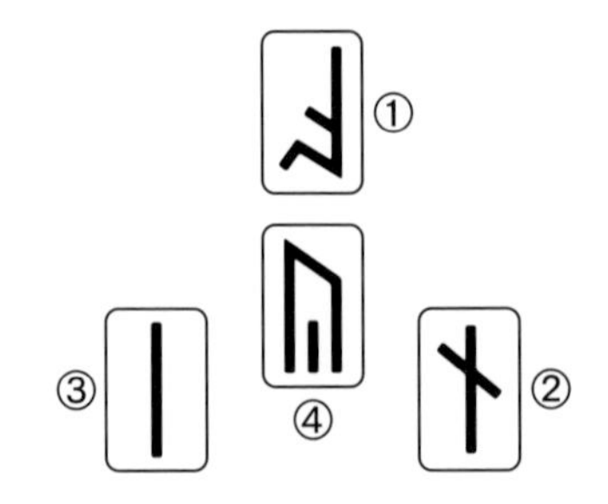

（34枚アングロ＝サクソン型フサルク使用）

過去の①「オーク」逆位置は、思うように成長できないことを示すルーンである。特に足元を固めずに、いきなり高い目標に飛びつくことが原因であることを表している。②現在の「ニイド」は、経済的な困窮により、まさに身動きが取れない今の状態を表す。依頼者が明るくても、ルーンカードはしっかりと苦しい状態を見せてくれているのだ。そして重要な③未来には、物事が凍りつき、停止することを表す「イス」が出ている。経営状態は自然に動きが鈍くなり、極端になると業績の苦しさから、経営破綻にもなりかねないだろう。つまり、どこかで方向転換をしなければ、厳しいということになる。

ここで、大事な④対策の登場であり、弓がキーワードの「イル」が出ている。目標をはっきりとひとつに絞(しぼ)り、一直線に進むことが大切であることを表している。そのことから、手を広げるのではなく、経営の規模を縮小することを考えるといいだろう。例えば利益の薄い事業からは撤退し、見込みのある事業だけに集中するということである。それ以外にも「オーク」逆位置が示していた、高すぎる目標を掲げることも控え、足元を固めることに力を入れることもお勧めである。

実占例 2

プロの小説家を目指して執筆を続けている、26歳の女性アルバイト。大作ができたのでいくつかの賞に応募しようと思っているが、この作品はいずれ受賞するなどして、脚光(きゃっこう)を浴びる可能性はあるか？　という相談内容である。

① ウルズ（質問事項の、過去の状態）／「ユル」（正逆なし）
② ヴェルザンディ（質問事項の、現在の状態）／「エオロー」（正位置）
③ スクルド（質問事項の、近い未来の状態）／「イアー」（正位置）
④ ウルズの泉（質問事項に対する対策）／「ハガル」（正逆なし）

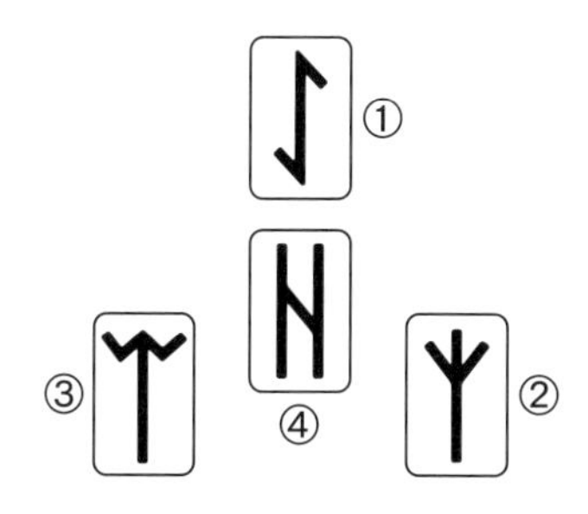

（34枚アングロ＝サクソン型フサルク使用）

過去の「ユル」は、このルーンが持つサイクルの変化という意味よりも、冴えない状況が続いて精神的に追い詰められていた、と読んだ方がピンとくる感じがする。現在の「エオロー」は、そんな重い状況を抜けて、気持ちが軽くなってヤル気が出てきたり、一緒に頑張る仲間に恵まれていたりするのだろう。

ただし結果も意味する近い将来の「イアー」は、「苦しみや悲しみを伴う終末」という意味を持ち、残念ながら受賞することは非常に困難であることを暗示している。対策の「ハガル」をみても、厳しい状況が何となく分かるだろう。

現状の「エオロー」が、この女性に決して能力がない訳ではないことを表している。ただし作風を大きく変えるなど、内容に「ハガル」が意味する大きな改革を加えなければ、この作品が脚光を浴びることは難しい、ということを示しているようだ。一度プロの専門家に読んでもらって、思い切り辛口の評価を浴びた方がいいのかもしれない。

スプレッド 3　ビフレストの導き

虹の橋「ビフレスト」は、神の国アースガルズから、人間の国ミズガルズなどにつなぐ架け橋である。このスプレッドでは、恋愛や友達など1対1の人間関係を占う。恋愛は鑑定の中でも最も多い相談内容であるから、このスプレッドを知っておくと、大いに重宝するだろう。

ルーンのレイアウト

231ページの「ワンオラクル」で書かれた順序でカードをシャッフルし、直観でカードを引き、①から⑤の順番で並べていく。

ちなみに、2006年初版の『ルーン・リーディング』に掲載の同スプレッドは、ルーンストーン用スプレッドの「マイ・ギューフ」とほぼ同じ形のため、ここではまた別の橋らしい形に変更している。どちらを使用しても問題はない。

① 現在の相手の質問者への気持ち
② 現在の質問者の相手への気持ち
③ 現在の2人の相性
④ 上手く交際するための対策
⑤ 2人の今後

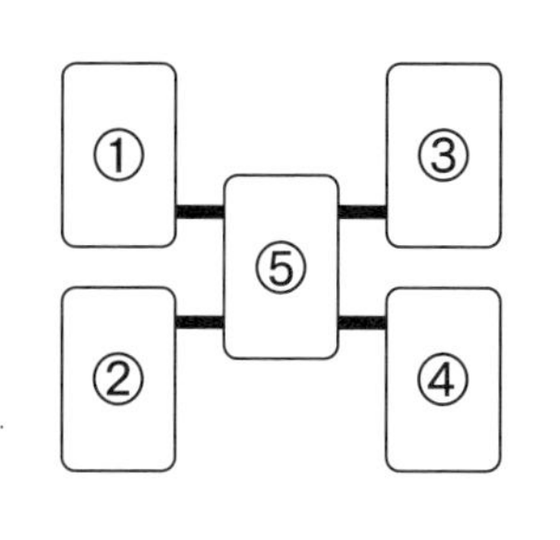

解釈のポイント

①と②の「気持ち」の部分を、①を相手の現在の状況、②を質問者の現在の状況と置き換えても良い。③の現在の２人の相性というのは、生涯変わらない生まれ持った性格による相性ではなく、現時点においての相性である。現在の２人の関係と考えても良い。

実占例
1／鑑定依頼者は、20歳の女子大生。普段親しくしている学校の仲間の中に、片想い中の男性がいるが、その彼には既に長く交際している恋人がいる。それでも依頼者は普段から遠回しに彼に愛情を伝えていて、彼はその気持ちに気がついているらしい。そして時々連絡をくれるなど、優しくしてくれるようだ。この彼の自分への気持ちと２人の今後は？という鑑定依頼である。

①現在の相手の質問者への気持ち／「イング」（正逆なし）
②現在の質問者の相手への気持ち／「ラド」（正位置）
③現在の２人の相性／「マン」（正位置）
④上手く交際するための対策／「フェオ」（逆位置）
⑤２人の今後／「スタン」（正逆なし）
（34枚アングロ＝サクソン型フサルク使用）

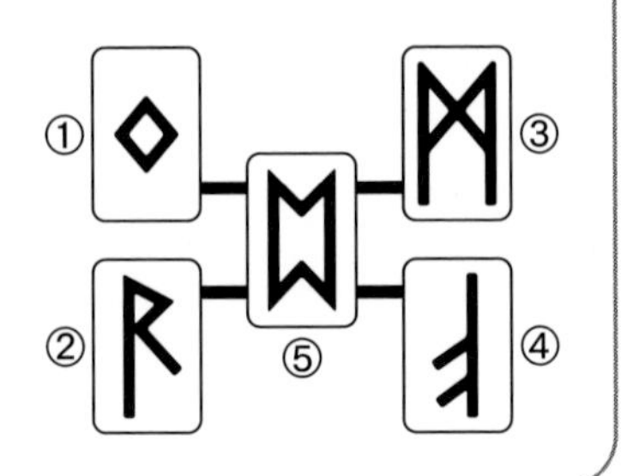

質問者の気持ちは「ラド」で、彼に積極的に向かっていこうとする気概がある。そして彼の質問者に対する気持ちは「イング」であり、まんざらではなさそうだ。好意を示してくれることを、素直に嬉しいと感じているのだろう。そして２人の相性は「マン」であり、現在の２人の関係が、信頼し合っている、非常に良い関係であることを示している。ただし「マン」は恋愛の色が薄く、現実的なメリットを与え合う関係を表すため、彼の方は質問者に恋愛感情を持っている訳ではないとも推測できる。

そして結果は、頑（がん）として動かない石が象徴の「スタン」である。「スタン」は安定感があるものの、そのままどっしりと腰を落ち着けて状況が動きにくいことを表している。質問者も今以上に押すこともできず、相手も恋人がいることもあって積極的に出ることもなく、現状のままで膠着（こうちゃく）してしまいそうだ。

読み方が難しいのは、対策の「フェオ」逆位置である。これは「計算高くなれ」というアドバイスであると考えられる。もしくは、勉強の資料など何かの物が足りないことをアピールして、彼に貸してもらう、というのもひとつの方法かもしれない。

実占例 2

鑑定依頼者は、26歳の専門学校生。２年前にこっぴどく振った元恋人が、今どうしているか気になっているという。本人は相手に全く未練はなく、既に別の恋人がいる。振った相手に恨まれていないか、そして今度会った時には、気さくに会話ができるだろうか？　という質問内容である。

①現在の相手の質問者への気持ち／「クウェオース」（正逆なし）
②現在の質問者の相手への気持ち／「ラド」（逆位置）
③現在の２人の相性／「ウィン」（逆位置）

④上手く交際するための対策／「ソーン」（正位置）

⑤2人の今後／「ティール」（逆位置）

（34枚アングロ＝サクソン型フサルク使用）

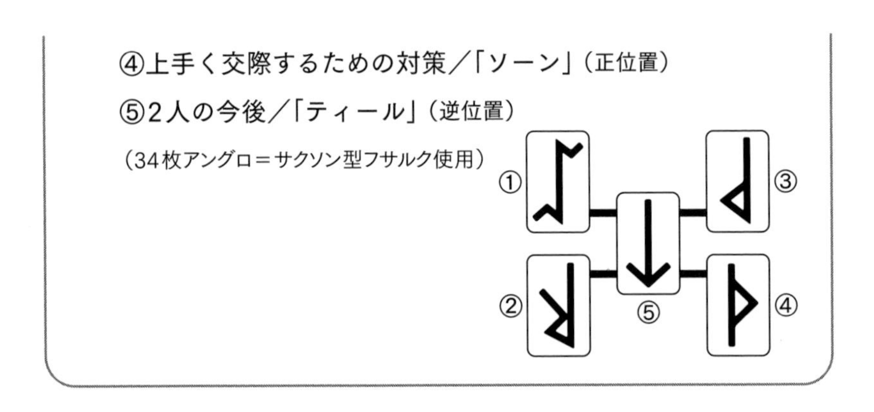

この問題で最も重要なのは、相手の質問者への、今現在の気持ちだろう。それを表す①を見ると、激しい感情に、突き動かされやすい状態を示す「クウェオース」が出ている。別れて2年過ぎた今になっても、相手は質問者に燃える情熱的な感情を抱えているようだ。恨みというほどネガティブさは強くはないが、まだ自分でもコントロールできないような、激しい執着のような気持ちを抱えている可能性がある。それに対して、質問者の相手への気持ちは「ラド」逆位置と、相手から逃げるような否定的な感情を持っている。既に恋人がいることからも、もちろん恋愛感情も皆無だろう。

2人の相性の「ウィン」逆位置は、もし今の時点で2人が会った時の状況、と想定していいだろう。失望や楽しめない状態を表すため、話が噛み合わず、2人の間に気まずい雰囲気が漂(ただよ)いそうだ。それは2人が持つ感情が極端に違うことからも、想像できる。⑤2人の今後の「ティール」逆位置を見ても、これからある程度の時間が経過したとしても、2人の関係は改善することはないと判断できる。

アドバイスの④「ソーン」は、質問者に棘(とげ)を出し続けること、すなわち相手に警戒心を持ち、距離を取り続け、一切関わらない方がいいということを告げている。それだけ相手の燃える気持ちは、深刻なものなのかもしれない。

スプレッド 4 世界樹ユグドラシル

世界樹ユグドラシルは、北欧神話の9つの世界を支えている大きなトネリコの木である。このスプレッドでは、9つの世界を通して、ひとつの問題を深く掘り下げて占うことができる。自分もしくは気になる人の本当の姿、今の自分の生き方の問題点など、未来よりも現状を詳しく知りたいときにお勧めである。

ルーンのレイアウト

231ページの「ワンオラクル」で書かれた順序でカードをシャッフルし、直観でカードを引き、①から⑨の順番で並べていく。

① スヴァルトアールヴヘイム
…この問題を、重く複雑にしていること。

② ムスペルスヘイム…この問題の、表に出てきていること

③ ニヴルヘル…この問題の、既に終わっていること

④ ヨトゥンヘイム…この問題の、一番注意すべきこと

⑤ ミズガルズ…この問題の、トータル的な状況

⑥ ヴァナヘイム…この問題の、第三者の状況

⑦ アースガルズ
…この問題の、一番高く神聖なこと

⑧ ニヴルヘイム…この問題の、深く沈み、表に出てきていないこと

⑨ アールヴヘイム
…この問題の、一番幸福なこと

解釈のポイント

まずは⑤のトータル的な状況を頭に入れ、それを元に他のカードも読むようにする。⑥の第三者というのは、例えば今の恋愛を占うのであれば、その当事者の2人以外の人物、ということになる。全て読み取るのに時間がかかるが、一人占いには最適だろう。

実占例

鑑定依頼者は、33歳の女性会社員。若い頃から人生の目標ややりたいことが定まらず、何となく淡々とした日々を送っていると感じている。今の生き方を続けていっていいのだろうか？　という相談内容である。

① スヴァルトアールヴヘイム（この問題を、重く複雑にしていること）／「マン」（正位置）
② ムスペルスヘイム（この問題の、表に出てきていること）／「ヤラ」（正逆なし）
③ ニヴルヘル（この問題の、既に終わっていること）／「ギューフ」（正逆なし）
④ ヨトゥンヘイム（この問題の、一番注意すべきこと）／「オセル」（逆位置）
⑤ ミズガルズ（この問題の、トータル的な状況）／「カルク」（正位置）
⑥ ヴァナヘイム（この問題の、第三者の状況）／「イオー」（正逆なし）
⑦ アースガルズ（この問題の、一番高く神聖なこと）／「クウェオース」（正逆なし）
⑧ ニヴルヘイム（この問題の、深く沈み、表に出てきていないこと）／「ガー」（正逆なし）

⑨ アールヴヘイム（この問題の、一番幸福なこと）
／「スタン」（正逆なし）

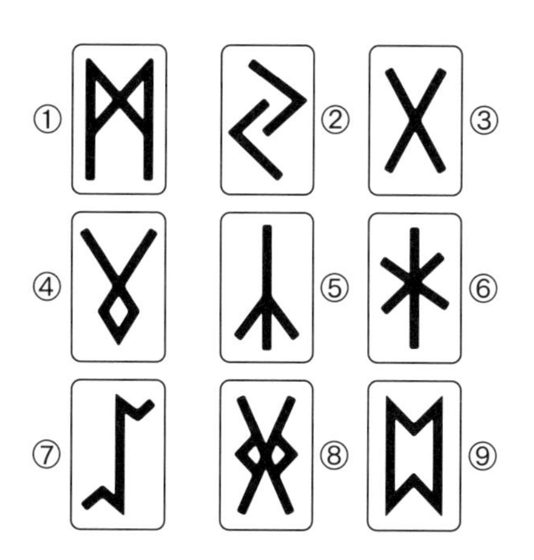

（34枚アングロ＝サクソン型フサルク使用）

はじめに中心の⑤のトータル的な状況をみると、根が張り土台が安定した「カルク」が出ている。②表に出てきていることは、穏やかに成長していく「ヤラ」、⑨一番幸福なことは、頑（がん）として動かない石が象徴の「スタン」と、全体的にどっしりと地に足をつけていて、レールを外さないような堅実な生き方をしている様子が見て取れる。決して周りに流されている訳ではなく、自分の意志に沿って着実に過ごしているのだろう。

既に終わっていることの③は、愛情を示す「ギューフ」である。過去に深い恋愛をして、それが幕を閉じたのかもしれない。問題を複雑にしていることの①は、パートナーシップを表す「マン」。⑥第三者には、人の悪意を示す「イオー」が出ていることから、ご両親など周りの人から結婚を急（せ）かされて、それが気を重くしている原因であるとも考えられる。この問題の最も注意すべきことは、④の「オセル」逆位置。下手に焦（あせ）ってレールを外れ、非常識な行動に走らないように注意が必要である。

表に出てきていないことの⑧は、完全肯定を表す「ガー」。実は質問者は心の奥で、現状に納得しているのでは……と考えられる。他のルーンを見ても、今の生き方は質問者にとってベストであるといえそうだ。しかし、⑦最も神聖なことに、激しい炎の「クウェオース」が出ていて、これだけが浮いている感じがする。質問者の心のどこかに、そうした激しい情熱を抱えているのだろう。今の生き方を変える必要はないが、その燃える気持ちを昇華すべく、趣味や資格取得などの目標を常に持つと、さらに充実した毎日になりそうだ。

スプレッド 5　北欧の女神からのメッセージ

北欧神話に出てくる女神をモチーフとしたスプレッドである。ゲルズとスカジは美しくても巨人の娘であるが、北欧神話の男神（おがみ）に嫁いでいることもあり、ここでは女神の中に入れている。それぞれの女神の特性を活かし、どの女神があなたの質問に答えてくれるのかを探るスプレッドである。単に「何でもいいからメッセージが欲しい」という時にも、使うことができる。

各女神が伝えるメッセージは、後の一覧に記載したものである。ここでは、「ウィルド」が重要になるので、忘れずに入れるようにする。

このスプレッドも他と同様、エルダーフサルク25枚でも、アングロ＝サクソン型フサルク34枚でも、どちらでも使用できる。

ルーンのレイアウト

231ページの「ワンオラクル」で書かれた順序でカードをシャッフルし、ひとつの山にまとめた後、山の上のカードから順に、①から⑫まで裏向きのまま配っていく。そして13枚目をまた①に置き、再び裏向きのままで⑫まで配る。25枚使用の場合は1枚残るが、それをピンとくる位置に重ねて置く。34枚使用の場合は10枚残るが、それを再び①から並べて⑩で終わらせるか、10枚をバラバラに好きな位置に重ねて置く。これでひとつの位置に、2枚か3枚のカードが重なったことになる。

各位置の女神は、以下である。

① フリッグ	② フレイヤ	③ イズン	④ ゲヴュン
⑤ ウルズ	⑥ ヴェルザンディ	⑦ スクルド	⑧ エイル
⑨ ディース	⑩ サーガ	⑪ ゲルズ	⑫ スカジ

配り終わったら全て表向きに返し、「ウィルド」がどの女神の位置にあるのかを調べる。「ウィルド」を置いた位置が、その質問にメッセージをくれる女神ということになる。「ウィルド」と同じ位置に重ねたカードも、その質問の回答として参考にする。

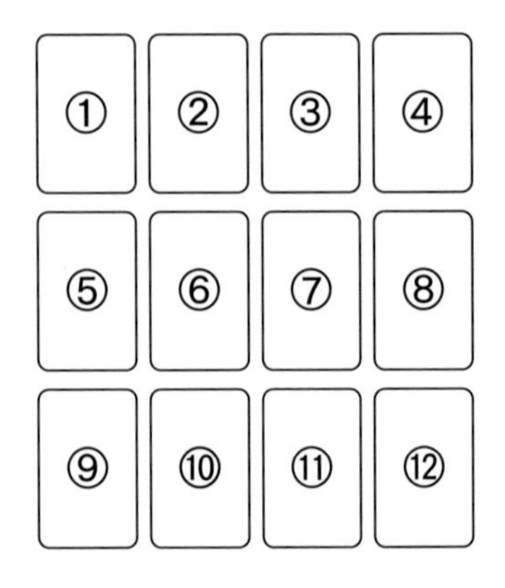

各女神からのメッセージは、次の通りである。単なるメッセージではなく具体的な質問の場合は、女神のイメージを参考にして、回答を導き出して欲しい。

① フリッグ

イエスかノーか	明確なイエス
性質	オーディンの正妻。神々の上に君臨(くんりん)する高い地位の女王。激しい感情に突き動かされる。愛情深く、家族に献身的だが、敵には容赦(ようしゃ)ない。
メッセージ	プライドを忘れてはいけません。誰かのために動くより、自分の本心や感情を優先して。

② フレイヤ

イエスかノーか	明確なイエス
性質	美しい恋愛の女神。愛情と楽しさに恵まれる。周りを楽しませ、その代わり誰からも愛される。お金や性にルーズになる傾向がある。
メッセージ	律する心を捨てて、目の前の楽しさに酔いしれてご覧なさい。空は澄み、花は美しく咲いていますよ。

③ イズン

イエスかノーか	イエス
性質	神々に永遠の若さを与える女神。春のように無邪気でお人好しで優しさを持つ。ホッと心が和む。草原にいるような、爽(さわ)やかな状況。
メッセージ	子供のような純真さほど、強いものはありません。どんな強敵や争い事にも、純真な笑顔を見せましょう。

④ ゲヴュン

イエスかノーか	どちらかと言えばノー
性質	デンマークの守護神。目的のためには手段を選ばない。策略(さくりゃく)で欲しいものを手に入れる。豊かな物を持つ。お金に困らない。
メッセージ	与えられるのを待たず、自分から求めなさい。知恵を使うことが大切です。

⑤ ウルズ

イエスかノーか	ノー
性質	運命の女神。運命、宿命、死、過去を司(つかさど)り、ヴェルザンディとスクルドの３姉妹の中で最年長。小手先では動かせない状況。
メッセージ	今のあなたは、運命の大きな流れの中にいます。何とかしようと抗(あらが)わず、静かに見守りましょう。

⑥ ヴェルザンディ

イエスかノーか	どちらとも言えない
性質	存在の女神。現在を司(つかさど)り、物事を確定させる力を持つ。３姉妹のバランスを取っている。仲間意識や横並び意識。
メッセージ	今見るべきなのは、過去でも未来でもなく、「今」です。今日１日を味わい、大切に過ごしましょう。

⑦ スクルド

イエスかノーか	イエス
性質	必然の女神。3 姉妹のウルズとヴェルザンディの中で最年少。未来を予測する力を持つ。未来のために準備し、活動する。
メッセージ	「心に思うことは現実になる」と知っていますか?明るい未来を築くために、理想を掲げましょう。

⑧ エイル

イエスかノーか	イエス
性質	医術の女神。豊かな慈悲心を持ち、人を援助する。一度終わったことを蘇(よみがえ)らせることができる。人から頼られ、相手を助けることができる。
メッセージ	何かをしてもらうのではなく、自分が誰かに与える番です。慈愛心は人生を幸福にします。

⑨ ディース

イエスかノーか	明確なノー
性質	恐ろしい運命をもたらす女神。逆らうことができない問題が生じる。激しい戦いが勃発(ぼっぱつ)する可能性。人に災いをもらたす。
メッセージ	嵐のような状況に巻き込まれても、それは過去の自分の行いが原因かもしれません。静かに流れに任せましょう。

⑩ サーガ

イエスかノーか	どちらかと言えばイエス
性質	オーディンと過ごす女神。冷たい波の上の館で、楽しく過ごす。周りにトラブルがあっても振り回されない。朗らかに自分の世界を守る。
メッセージ	世の中の嫌な面を見て、嘆(なげ)くのはやめましょう。目の前には大切な存在がいて、美味しい食べ物があります。視点を変えてください。

⑪ ゲルズ

イエスかノーか	ノー
性質	豊穣(ほうじょう)神フレイの妻。世界を照らすほどの美しさを持つ。天と地など、相反するものを統合させる力。玉の輿(こし)に乗るような幸運な状況。
メッセージ	身分や肩書きなど、関係ありません。ただ自分を磨くことで、それに見合った物事が引き寄せられます。

⑫ スカジ

イエスかノーか	ノー
性質	狩猟とスキーの女神。美しいが情が薄く、敵には容赦なく挑(いど)みかかる。復讐心などネガティブな感情を持つ。人を攻撃して傷つける。
メッセージ	自分を苦しめる者に気を遣うほど、滑稽(こっけい)なことはありません。厳しくすることで、相手の目を覚まさせます。

実占例

鑑定依頼者は、28歳女性。友人の欠点をさり気なく指摘したら、怒らせてしまった。それからしばらく、連絡を取り合っていないという。この友人にどう接すればいいか、という相談内容である。

34枚のルーンカードを裏向きで配って並べたところ、「ウィルド」は⑩サーガの位置に入っていた。同時に⑩サーガに入っていたのは、「エオー」（逆位置）と、「イオー」の2枚だった。

（34枚アングロ＝サクソン型フサルク使用）

女神サーガの項目には、「周りにトラブルがあっても振り回されない。朗らかに自分の世界を守る」と記載されている。周りに波風が立っていても、目の前のことを楽しむという意味である。そのため、謝罪の連絡を入れたりせず、取りあえずその友人のことを忘れて、日々を楽しむといいのだろう。

同時に入っていた「エオー」逆位置は、質問者に友人から離れているといい、ということを告げている。蛇（へび）が象徴の「イオー」が示すように、まだ相手の怒りや恨みが続いていて、予想以上に根深い問題なのかもしれない。

スプレッド 6　レスト・オブ・ライフ（残りの人生）

最後に、今後の人生を長いスパンで占うスプレッドを紹介する。タロット占いも含めて一般的にこうした卜(ぼく)術は、占う未来が遠くなればなるほど、的中率は下がるといわれている。未来は先へ進むほどに、微妙に方向性を変えていくことが、その一因である。そのため、2〜3年先を占うのがせいぜいといったところだろう。

しかしここではあえて、10年以上先の長いスパンを出してみる。少しでも気合いを入れて占い、的中率を高めるために、このスプレッドは生涯に2〜3回しか使ってはならない。「何度でも占える」と思うと1回の占いを大切にせず、集中力に欠けて、大きく外れる結果になってしまうためだ。4〜5年が経過して、かなり流れが変わったな……と思った時に、再度占い直して見ることをお勧めする。

ルーンのレイアウト

占い方は単純で、一年ごとの運勢を2枚のルーンで出していく、というものである。

25枚のエルダーフサルクなら、2枚ずつで12年分を出すことができる。1枚余ったルーンは、この12年間のトータル運を表すものとする。

34枚のアングロ＝サクソン型フサルクなら、2枚ずつで17年分を出すことができる。こちらは余らないので、16年分を出して2枚余らせ、その2枚を12年間のトータル運と設定しても良い。

231ページの「ワンオラクル」で書かれた順序でカードをシャッフルし、ひとつの山にまとめた後、山の上のカードから順に、25枚使用の場合は①から㉔まで、34枚使用の場合は㉞まで、表に返しながら配っていく。①②の2枚が、これから1年間の運勢を表していると判断する。

③④が2年後、⑤⑥が3年後……となる。

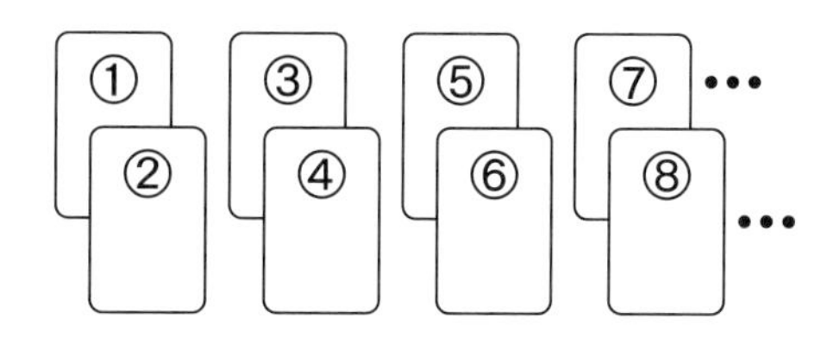

解釈のポイント

占う時が8月など中途半端な時期であれば、①を翌年1月からの一年間と設定するなど、臨機応変に変更して問題ない。お正月や誕生日に占うと、キリがいいだろう。

例えば結婚を期待している人は、事前に「ギューフ」が出た年は、結婚に縁がある……などと設定しておくと読みやすくなる。漠然（ばくぜん）とした生涯の運勢よりは、「これからの仕事運」「これからの家庭運」「これからの子供の運勢」など、具体的な運勢に絞（しぼ）った方が占いやすく、的中率も上がるだろう。

実占例

鑑定依頼者は、手芸関係の販売と教室を8年間続けている60代の女性。これから年齢を重ねていっても、この仕事を今のペースで続けていけるだろうか？　という質問内容である。

全てを出すと長くなるので、これから5年間の分だけを掲載する。ちなみに、最後に残った12年間のトータル運を表す25番目のルーンは「ダエグ」だった。

①②1年目「ティール」（正位置）、「イル」（正位置）
③④2年目「イング」（正逆なし）、「ハガル」（正逆なし）

⑤⑥３年目「ベオーク」（正位置）、「アンスール」（逆位置）

⑦⑧４年目「フェオ」（逆位置）、「イアー」（逆位置）

⑨⑩５年目「アッシュ」（正位置）、「ニイド」（逆位置）

㉕残ったルーン……「ダエグ」（正逆なし）

（25個エルダーフサルク使用）

最も的中率が高いと思われる①1年目には、勢いがあり似た性質を持つ「ティール」と「イル」が出ている。共にひとつの物事に集中して、全力投球するイメージのルーンである。質問者は、まだまだエネルギッシュに活動を続けていくだろう。ただし④2年目に、「ハガル」が出ている点は要注意だ。並ぶ③「イング」が仕事の順調さを表すことからも、「ハガル」は別の何か、例えば突然の体調不良などに注意した方がいいと思われる。3年目以降からは、それほど派手さはなく吉凶混合ながらも、細く長く続けていく様子がイメージできる。

結局のところ「ダエグ」が統括（とうかつ）することから、これから12年間は自分のペースで穏やかに、仕事を続けられるだろう。「ダエグ」が日常生活を示すように、その仕事は質問者にとって、まさに人生と言えるのである。

34枚のルーンカードの紹介

アングロ＝サクソン型フサルクの情報が足りなかったこともあり、長いことルーン占いといえば、25個のルーンを使うものしか知られていなかった。しかし、昨今はさらに追加された9個の文字の情報量が増え、占い上の意味も付与されるようになった。

この本を執筆している時点で、日本国内では2種類のアングロ＝サクソン型フサルクを使用したルーンカードが販売されている。本書でもその説明書を参考文献として挙げており、許可をいただいて画像も掲載している。この2つがあったからこそ、本書の執筆がスムーズに進んだといっていいだろう。この2つのデッキを皮切りに、今後は次々と34枚のルーンカードが登場し、そのうちに34個のルーンストーンも登場することになると推測している。やがて25文字より、34文字を使ってのルーン占いが主流になっていくのではないだろうか。

ここでは、その2つのアングロ＝サクソン型フサルクの、ルーンカードを紹介する。

アングロサクソンルーンカード

国内初の、34枚のルーンカード。カードの形は正方形で、保管しやすい缶入りのデッキ。ルーン文字が赤い糸で刺繍された写真を使った、立体感のあるデザイン。それぞれのルーンが意味するイラストが添えられ、

「アングロサクソンルーンカード」
監修／香（2023年4月初版）
発行・発売／FCM合同会社

それを見て意味やイメージを読み取ることができる。

hosi7　Rune Oracle Cards

さまざまな種類のデッキを製作している、ほしななさんの作品。宝石の中にルーン文字が描かれた、繊細なデザイン。すべすべしていてシャッフルしやすい、丈夫な紙質。カードの右上には意味一覧が、下部にはキーワードが添えられ、意味を覚えなくてもすぐに占いに使用できる。

カード製作にあたり、ケルト・ゲルマン文化研究家の吉田深保子さん、そらのともしびwakanaさんの教えを参考にされている。

「hosi7　Rune Oracle Cards」
hosi7（ほしなな）
（2024年1月初版）

第4章

ルーン魔術

ルーン魔術

古代から自然にある全てのものに、神々や精霊が宿っていると考えられていた。魔術とは、人間の潜在的な力を活かし、そうした自然が持つエネルギーを望む方に向かわせる方法であるといえる。神秘の文字として尊重されていたエルダーフサルクの24のルーン文字は、自然の力を秘める、あるいは動かすものとして、古くから魔術（呪術）や占いに使用され続けてきた。

かといって、現代においては新しく追加された9つのルーン文字が、魔術に使えないという訳ではない。魔術を成功させる鍵は、文字の形態以上に思い入れの強さである。「ガー」が持つ完全さを強く求めるのなら、その文字を丁寧に書くことで、魔術的な力が宿るのである。

ここではルーン魔術を、いくつか紹介していく。効果を高めるため、全て強い魔力を持つとされるエルダーフサルク24文字を使用する。魔術の成功のポイントは、魔術を行っていることを強く意識し続け、神秘のエネルギーを強く方向づけさせることである。

力を強化する、バインド・ルーン

ルーン魔術の有名な方法として、複数のルーン文字を組み合わせてひとつのシンボルを作成する、「バインド・ルーン」というものがある。バインド・ルーンは古代北欧の銘(めい)文にも見られ、呪術的な目的を込めて彫られたものであるといわれている。ルーンはひとつの文字でも十分魔力があるが、目的に合わせた文字をいくつか組み合わせることによって、さらなる強い魔力を持たせることができる。このバインド・ルーンは木片(もくへん)に彫ったり、小さめの厚紙に書いたりする。そして日頃から持ち歩いたり、寝る時に枕の下に入れたりすると良い。

簡単にできる目的別バインド・ルーン

ここで2つの文字を組み合わせた、簡単にできる目的別バインド・ルーンを10種紹介する。気軽に紙などに書いて、ぜひ利用して欲しい。これ以外にも自分で新しく組み合わせを考えても、もちろん有効に活用できる。

例えば片想い中の人であれば、268ページのアルファベット表を見て、自分と相手の名前のアルファベットを組み合わせることで、両想いになれるバインド・ルーンを作ることも可能である。

仕事・試験の勝利　ティール×アンスール

「アンスール」は情報など、知性的なこと全般を司(つかさど)る。それに勝利の「ティール」を組み合わせ、仕事や試験で成功する力を持たせている。ただし仕

事といっても頭脳を使う仕事向けで、スポーツ関係など、知力とはあまり関係のない仕事に対する効果は薄い。

勝負事の勝利　ウル×ティール

勝利と果敢に戦う様子を表す「ティール」に、エネルギッシュで物事に体当たりする「ウル」を組み合わせた。対戦スポーツや裁判などの勝敗に関することに、強いパワーを与えてくれるシンボルである。勇気が出ない時に使うのもいいだろう。

豊かな財産　イング×オセル

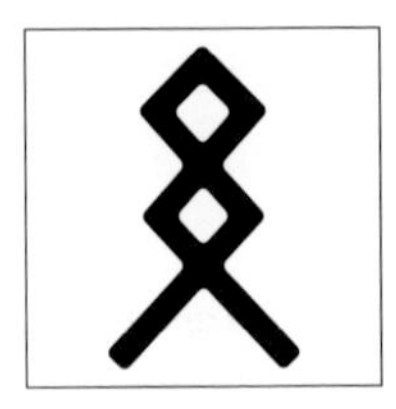

「オセル」は伝統の他に、固定された財産も示す。そして豊穣（ほうじょう）を意味する「イング」と組み合わせ、財産を増やす力を持たせたシンボルである。財布や金庫の中に入れておくと、高い効力を得られるだろう。

幸福な日々　シゲル×ダエグ

「シゲル」も「ダエグ」も、太陽と関係があるルーンである。「ダエグ」が平和な日常を示し、「シゲル」がそれに輝かしさを与える。毎日が何となく重苦しく感じる人や、波乱に満ちた日々を送っている人にお勧めのシンボルである。

結婚の実現 マン×ギューフ

「ギューフ」は愛を示すが、それを「マン」という物質的な力のあるルーンで固定化させた。愛の固定＝結婚である。特に現在交際中で、結婚を望んでいる人には強い力を発揮する。まだ愛に巡り合えていない人は、まずは次の「愛の喜び」のシンボルを使うことからお勧めする。

愛の喜び ウィン×ギューフ

愛のルーン「ギューフ」に、真の喜びを示す「ウィン」を組み合わせ、愛の喜びを得られるシンボルとした。まだ恋愛が成就していない人や、出会いを探している人、別れそうなカップルには、特にお勧めである。

性愛の成功 フェオ×イング

性的関係を結びたい人がいる時に、力を発揮するシンボルである。「フェオ」は財貨の他に、肉欲など物質的な欲望も司る。「イング」は豊穣の神フレイを象徴するが、フレイはセクシュアリティの強い神であるともいわれる。その両者のタッグで、意中の人をなびかせるのである。

心身の癒し　ベオーク×ラーグ

「ベオーク」も「ラーグ」も、情緒的で感受性豊かなルーンである。忙しい毎日で疲れ切って癒(いや)されたい時や、心がギスギスしやすい時に、このシンボルを身につけるとリラックスできる。「ダエグ」も取り入れ、3つでバインド・ルーンを作ってもいいだろう。

トラブルの予防　エオロー×オセル

悩み苦しみを生むトラブルがないことが、実は一番の幸せでもある。防御の力を持つ「エオロー」でトラブルを弾(はじ)かせ、地のエネルギーが強い「オセル」が、平和な状況をしっかりと安定させる。平和な時ほど、このシンボルを持ち歩くといいだろう。

悪い念を返す　ソーン×ラド

人からの恨みや呪いの念は、ジワジワと深刻な状況をつくりだす。気になったらこのシンボルを身につけることで、悪い念を相手に返すことができる。「ソーン」が恨みの感情と同化し、「ラド」がハイスピードでそれを跳(は)ね飛ばすのである。

手軽にできるルーン魔術

次は、それほど手間のかからない手軽にできるルーン魔術を、目的別にいくつか紹介しよう。これはわざわざ自分で文字を彫らなくても、ルーンストーン、もしくはルーンカードを使って、すぐに実行することができる。

片想いを成就させる

愛のルーン「ギューフ」を使う。豊穣の女神フレイヤから、その加護を分けてもらう魔術である。フレイヤの首飾り「ブリージンガメン」にあやかり、金色のチェーンネックレスを用意する。そして「ギューフ」のルーンにそれを緩めに巻きつけ、宝石箱などにしまっておく。そしてそのネックレスを毎週金曜日と、好きな人に会う日だけつけるようにする。すると、少しずつ自分の魅力を相手に伝えられて、相手の心が動くようになるだろう。

復縁を実現する

別れた恋人とやり直したい……すなわち復縁を希望している人には、死と再生を司る「ユル」のルーンが力を貸してくれる。

森林や花など植物の写真のポストカードを1枚用意し、その上に「ユル」のルーンを置き、9日間引き出しの奥などにしまっておく。そして復縁したい人宛てに、そのポストカードに挨拶程度の文と、住所などを記載する。このとき文面に、決して「復縁したい」という重いことを書いてはいけない。そして、再びその上に「ユル」のルーンを置き、さらに9日間しまっておく。その後にポストカードを投函すれば、相手の愛情を引き戻せる可能性が高くなる。

恋の執着をなくして先へ進む

既に望みのない恋なのに、執着心が消えずに苦しんでいる……そうした時は、苦しい執着心を表す「ソーン」を使う。逆位置にすると、さらに強い執着心を表現できる。小さめの紙に、自分の名前と相手の名前を黒色で並べて書き、輪ゴムなどで「ソーン」に巻きつける。それを冷凍庫の奥に入れ、しばらく凍らせておく。執着心がなくなったと思ったら取り出し、紙はすぐにちぎって捨てると良い。

ラッキーチャンスをつかむ

北欧神話の創生場面を再現して、新しいエネルギーを生み出すために、火と氷のルーンを使ってチャンスを引き寄せる。

「ケン」と「イス」のルーンを向かい合わせにして重ね、その間に月桂樹の葉を1枚挟む。そして、葉が落ちないようにそれを糸で縛り、外出時は常に持ち歩くようにする。そうすれば、自然と周囲の状況に新鮮な風が吹き込んで、新たなチャンスが生まれるだろう。

危険から身を守る

北欧神話で、女神フリッグが息子バルドルを傷つけないようにと、世の中の全ての動物や植物、鉱物などと約束を交わしたという話がある。しかし、弱いヤドリギだけとは約束をせず、結果的にそのヤドリギがバルドルに刺さり、死んでしまったのだ。そのためヤドリギは特別なものとして、古くから魔除けに使用されていた。

そのヤドリギの名（mistel）をルーン文字で刻むと、強力な護符になる。特に古ノルド語で「魔法のパワーを持つヤドリギ」という意味の「mistel-vel」を木片や厚紙に刻んだり書いたりして、それを護符にするといい。常にバッグやポケットに入れて持ち歩くことをお勧めする。

ᛗᛁᛊᛏᛖᛚ-ᚠᛖᛚ

mistel-vel（268ページのアルファベット表から）

愛を叶えるルーン魔術

若い人が最も魔術を使いたい時とは、恋愛を上手く進めて高揚感を味わいたい時ではないだろうか。ここでは少し複雑な、恋愛を成功させるルーン魔術3種を紹介する。2つ目と3つ目の魔術は、参考文献に挙げている『悪魔の呪法全書』（二見書房）から、ルーン文字を使ったものを引用している。

両想いになれるルーン魔術

各文字の説明のページでも記したが、ルーンはアルファベットにも対応できる。そこで自分と好きな人の名前を使っての、両想いになれるルーン魔術を紹介する。

まずは、なるべく丈夫な素材の、長めの木の棒を1本用意する。そして268ページにあるルーンのアルファベット表を見ながら、自分の下の名前と相手の下の名前をルーン文字にして、その間に「：X：」を入れる。例えば「ゆか」と「たけし」なら、ユル、ウル、ケン、アンスール：X：ティール、アンスール、ケン、エオー、シゲル、イス……となる。これをルーン文字で、その木の棒に、彫刻刀などで彫り込んで欲しい。彫るのが大変であれば、マジックなどで記入しても構わない。しかし手軽にできる分だけ、効力は落ちてしまう。

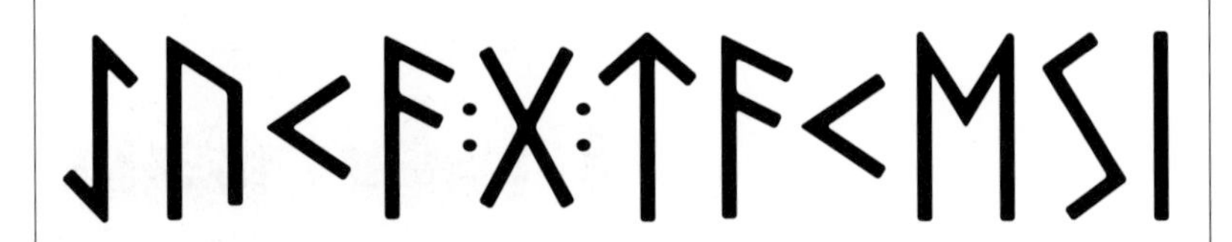

「ゆか」と「たけし」

相手のことを思いながら、しっかりと文字を棒に入れたら、地図などで自分の住まいと相手の住まいがつなぐ線を調べる。そして、その直線上にある公園や空き地などに実際に足を運び、その棒を埋め込むようにする。そうすれば、この魔術は完了である。

直線上に公園などがなくて埋め込みに行くのが困難であるなら、自分の枕の下やベッドの下に保管しても良いだろう。ただし土に埋めるよりも、やはり効力はかなり落ちてしまう。

アルファベット表

	ルーン	名称
A	ᚨ	アンスール
B	ᛒ	ベオーク
C	ᚲ	ケン
D	ᛞ	ダエグ
E	ᛖ	エオー
F	ᚠ	フェオ
G	ᚷ	ギューフ
H	ᚺ	ハガル
I	ᛁ	イス
J	ᛃ	ヤラ
K	ᚲ	ケン
L	ᛚ	ラーグ
M	ᛗ	マン
N	ᚾ	ニイド
O	ᛟ	オセル
P	ᛈ	ペオース
R	ᚱ	ラド
S	ᛊ	シゲル
T	ᛏ	ティール
U	ᚢ	ウル
V	ᚠ	フェオ
W	ᚹ	ウィン
Y	ᛇ	ユル
Z	ᛉ	エオロー

好きな人を引き寄せるルーン魔術

これは『悪魔の呪法全書』（二見書房）に掲載されている、「フレイヤの呪符」という魔術である。例えば、電車の中でいつも見かける人など、なかなか近づくきっかけを得られない人を引き寄せ、仲良くなれるというものである。

そのためには、次の手順で呪符を作成する。まずは紙を円形に切る。そして、イラストのような文字を書く。上下の列は、愛と美の女神フレイヤの名前である。その間にルーンの「ソーン」と「ニイド」を並べて書くのだ。

FREYJA
ᚦᚾ
FREYJA

そしてこの呪符を、必ず相手に見てもらうことが大切である。そうしなければ、全く効果がない。例えば缶バッジにして、バッグの目立つ位置につけてもいいだろう。わざと呪符を相手の目の前に落として、拾ってもらうというのも一案である。

この呪符の効果は驚くほどであり、相手と2人きりで会えるようなチャンスが降って湧いてくるのだという。

最高の幸福をそのまま固定させるルーン魔術

これも『悪魔の呪法全書』（二見書房）に掲載されている、「ルーンのイスの呪術」という、北欧で発生したルーン魔術である。今現在、幸せの絶頂にいるカップルが行う魔術で、その最高に幸せな瞬間を、氷を象徴する「イス」で凍らせて固定させるというものである。その絶頂のシーンを、生涯続く永遠のものにするのだ。この魔術は強力であり、恋愛状況を現時点で全て止めてしまう。その後にあるかもしれない新しい出会いを放棄することになるため、相当の覚悟が必要である。例えば婚約中、もしくは新婚のアツアツカップルが行うといいだろう。

やり方は簡単であり、まずは白い紙に自分と相手の名前を縦書きする。右と左、どちらが相手の名前でも問題はない。そしてその2つの名前の両脇に、イラストのようにしっかりと縦線を引く。この縦線は、ルーン文字「イス」を表している。そして、その紙を2人で一緒に持ち、1人1人順番に、「イーース」と長く伸ばして呪文を唱えるのである。長く伸ばして唱(とな)えるほど、効果が高くなるという。その紙は捨てずに、どこかに保管しておく。

この魔術は相手があなたを信頼し、しっかりと協力してくれるかどうか……という点が、成功の鍵になりそうだ。

キャンドルの魔術

次に、少し日数はかかるがその分だけ効果の高い、キャンドルを使った願い事を叶えるルーン魔術を紹介する。

まずは、目的別に合わせて、次の色の太いキャンドルを1本用意する。キャンドルは太くて長いほど、魔術が終わったときの効果が強くなる。愛に関する願いには赤色、仕事や勉強に関する願いなら青色、金銭や物質に関する願いであれば黄色か茶色、健康に関してなら緑色、その他なら白色のキャンドルを用意して欲しい。中には、自分を苦しめる人を同じように苦しめたい……という、いわゆる「呪いをかけたい」という人もいるだろう。そうした恨みを晴らすことを目的とする場合は、黒色のキャンドルを用意する。ちなみに呪いについては、次の「復讐を成功させるルーン魔術」の注意点を読んで欲しい。

そして、そのキャンドルの下の方に、何かとがったもので、「alu」もしくは「laukaR」、「auja」のどれかひとつの単語を、ルーン文字で彫る。「alu」はアンスール、ラーグ、ウルの順番、「laukaR」はラーグ、アン

ᚨᛚᚢ ᛚᚨᚢᚲᚨᚱ ᚨᚢᛃᚨ

左から「alu」、「laukaR」、「auja」

スール、ウル、ケン、アンスール、ラドの順番、「auja」はアンスール、ウル、ヤラ、アンスールの順番である。間違ったら文字を削り落とし、再度彫り直すようにする。この言葉は全て、ルーン彫刻師が呪文の言葉として使っていたものである。一説によると「alu」には悪いものから身を守る、すなわち守護の力があり、「laukaR」には豊穣(ほうじょう)や繁栄、健康の意味があり、「auja」には感謝、喜ぶ、助けるなどの意味があるという。それを参考に選ぶといいだろう。

アルファベット表を使って、この呪文の前に、好きな人の名前や、入りたい会社名などを入れると、さらに効果が高まる。その際には、呪文の前に「・」を入れて単語を区切る。

それが終わったら、毎月9日、19日、29日の晩に、このキャンドルを部屋の中で9分間灯(とも)し続ける。その儀式の前には入浴して体を清め、精神を落ち着ける必要がある。そして部屋を暗くしてキャンドルを灯し、その前に座って、オーディンに祈りの言葉を繰り返し唱え続ける。

> *全能なる神、オーディンよ、その偉大なる力で魔術を通して、我にその力を与えたまえ。そしてその願いを叶えたまえ。聖なるアースガルズの名の下(もと)に。*

そして9分経ったら、オーディンに感謝の意を示しつつ、キャンドルを消す。これを月に3回、一度も休むことなくキャンドルがなくなるまで行い続ける。キャンドルを全て消化すれば、あなたの願いはオーディンにしっかりと届けられたことになる。一度でも休んでしまったら、はじめからまたやり直しとなるので注意して欲しい。

復讐を成功させるルーン魔術

「人を呪わば穴二つ」という言葉は、大変有名である。人を呪った場合、それが叶って相手が不幸に遭ったとしても、必ずその呪いが返ってきて、結局は自分自身にも同じような不幸が訪れる、ということを示す言葉である。それでも感情的になり、理性を抑えられなくなるのが人間だろう。自分を苦しめた人に対して恨みの感情を抱き、同じように相手を苦しめたいと思うのは、ごく自然なことではある。

魔術やおまじないでは、世界中を幸福にするような、キラキラと輝くようなものが人気である。しかし意外と、人を不幸に貶めたいという願望を抱えている人も多いのだ。そうした要望に応え、ここでは呪いの「復讐を成功させるルーン魔術」を掲載する。ただし、実行する際には「人を呪わば穴二つ」という言葉を思い出し、一度よく考えていただきたい。それでも許せない、自分自身はどうなってもいい……という覚悟があれば、実行するといいだろう。

スカンジナビア地方でフサルクが16文字に減少した頃、その16文字の「暗号ルーン」が作成された。枝の形をしていることから、「枝型ルーン」とも呼ばれている。文章を簡単には解読できないように、ルーン文字を変形させたものだ。ここでは、その暗号ルーンの中で、古くから恐れられていた「ソーン」の文字を利用する。

魔術のやり方は簡単である。イラストのように、「ソーン」の暗号ルーンを3個並べ、呪いたい人の持ち物に書く……というだけである。ルーン魔

暗号ルーンの「ソーン」3文字

術を行うルーン彫刻師は、好んでルーン文字を、血液をイメージする赤色に染めていた。そのため赤色で書くと、さらに呪いの効果が高まる。

例えば誰もいない職場や教室で、呪いたい相手の机の見えない部分に、この文字を書き込む。本やノートを借りてそれの裏表紙に書き、何事もなかったように返す、というやり方でもできるだろう。このルーンを書く時に、渾身（こんしん）の呪いの気持ちを込めることが大切である。そのため、文字は大きければ大きいほど効果が高まる。

非常にパワーの強い魔術であるため、生涯に数回しか使うことはできない。また、もちろん呪い返しも考えられるので、覚悟を持って挑（いど）んで欲しいと思う。

アメリカの「願いを叶える」魔術

最後に、アメリカで発刊した『The Rites of Odin』の中から、願い事を叶えるための、本格的な魔術をひとつ紹介しよう。

まずは、自分自身でルーン・タリスマンを作成する。小さな石や木片など自分の好きな素材に、願い事に関するルーン文字を刻(きざ)むか、書き込む。そしてその横には、自分の名前も入れるようにする。これでオリジナルのルーン・タリスマンが完成された。

それを持ち、森林の空き地や山の頂上、地方にある川など、自然が多い人気がない場所へ出かける。もしそれが難しければ、キャンドルを灯したリビングの中で行っても良い。

適当な場所を選んだら、そのタリスマンに新鮮な水をかける。そして手に持ち、高く掲げて、空を眺(なが)め、呪文をはっきりとした言葉で唱える。

遥(はる)かなる澄んだ空、暖かい太陽、湖、そして川、遥かなる大地と山々、
汝(なんじ)は私が行う儀式の、目撃者となる。

賢い全ての父。オーディン、さすらう者、そして勝利を与える者、

ここで私が行う儀式を見守って欲しい。
そして私の願いを叶えたまえ。
私は汝の友人であり、良い仲間でもある。

空よ、太陽よ、水よ、大地よ、
私がここでする儀式を、良い形で示して欲しい。
遥かなるヴァルハラに住む高き神々のルールの下に。
私は、願いを叶えてもらうべく、汝を呼ぶ。
私が、この強力なタリスマンで象徴したものを引き起こすために。

オーディン、フレイヤ、トール、私の意志は汝のものである。
叶えよ、私のパワーを高めて欲しいというリクエストを。
そして汝もまた、パワーが高まるように。
地球の中心で、神聖で強力である全ての名において。

呪文が終わったら、神々に敬意を表して、そこを去る。そして良い結果を呼び込むために、そのルーン・タリスマンは常に身につけておくと良い。寝るときは、枕の下に入れる。そして長く使ったタリスマンは、パワーチャージするために、満月の日に空に向かって高くつかみ、上記の呪文を唱える。そしてきれいな冷たい水で洗う。そしてそれから2週間過ぎたら、新月の日に同じようにパワーチャージをすると良い。

あとがき（2006年初版）

本の執筆の全ての作業が済み、無事にこうしてあとがきを書く段階に入り、ホッとしているところである。

今年の2006年に入ってから少々気が重くなるような出来事があり、生活にも緊張感がなくなり、何となく冴(さ)えない運気を感じていた。そして木星が蠍座に入っている間は、こんな状況が続いていくのだろうと、漠然と考えていた。

そんなとき、何かの弾みでフッと、「そろそろ本を書いた方がいいのではないか」と思いついたのである。一人占いをしていたときであった。それも以前から、出したいと思っていたルーン占いの本を。何しろ日本には、ルーンに関する本が少なすぎる―― 以前からそう思っていたのである。ただしルーン占いに慣れているとはいえ、まだまだ勉強が足りなすぎるのではないか、という不安もあった。それでも書き始めてからは、そんな不安はアッという間にどこかへ消し飛んでしまった。

執筆の許可をいただいたのは、7月19日。そしてこのあとがきを書いている今現在は、8月10日である。つまりGOサインが出てから、下調べを含めて、23日間でこのあとがきにたどり着いたことになる。一番の得意分野としているタロットの本を書く以上には時間がかかったが、それにしてもよく短期間で、全ての原稿を仕上げることができたものだと、我ながら感心してしまう。

ただし、筆者は決して何でも早ければいいと思っている訳ではない。それは「エオー」のルーン説明を読んでいただいても分かってもらえるだろう。本来ならばじっくり時間をかけて熟成させるのがベストなのだろうが、早く進めなければ気が済まないのは、性分であるから致し方ない。

短期間で書き上げたからといっても、もちろん決して楽だった訳ではない。この23日間は、朝から晩まで執筆のことで頭が一杯で、下調べと執筆に明け暮れ、かなりのエネルギーを費やした。ここ最近忘れていたような、非常に密度の濃い日々を過ごさせていただいた。日に日に心身が消耗されていく様子も、手に取るように分かった。決して大袈裟ではなく、命を削(けず)って書いている、という感覚があったのである。多少なりとも筆者の寿命は縮まったかもしれない。

このあとがきを書き終わったらパソコンから少し離れて、ゆっくりと命の洗濯をすることにしよう。

ルーン占いの一番の魅力は、天からの、もしくは占者の守護者からのメッセージを、屈折なくストレートに受けられる点なのではないだろうか。現時点でルーン占いの文献が少ないことからみても分かるように、まだまだいくらでも開発可能な占術であると思っている。筆者自身も、今後も時間をかけて研究を続けていきたい分野だ。この本を出版することにより、日本の中で少しでもルーン占い愛好家が増えることを、願ってやまない。

最後に、この貴重な本の執筆の機会を与えてくださった出版社と、この本を手にされたあなたに、心から感謝の意を表明したい。世界中の全ての人々に、オーディンの加護がありますように。

2006年8月　藤森　緑

増補改訂復刻版のあとがき

2020年から続いたコロナ禍が、終局を迎えたと思われる昨年の2023年12月に、占い師が集まる忘年会があった。筆者自身、こうした集まりに参加したのは実に3年振りのことだった。そこで、改訂版の書籍を出版予定の占い師に、過去に出して絶版になった本の復刊を勧められたのである。「その手があったのか」と、目から鱗(うろこ)が落ちた。その数日後には、説話社CEO高木利幸さんとの打ち合わせを予定していた。絶版になった本の中で、最も気に入っていた『ルーン・リーディング』の復刊を、高木さんに提案したところ、あっさりとOKの返事をいただいたのである。まるで、何かに推し進められているかのように、こうして『ルーン・リーディング』の増補改訂復刻版の出版が決まった。

それからすぐに必要な資料を集め、読み込みに入り、執筆を開始した。今回も集中して濃い時間を過ごし、比較的短期間で書き上げることができた。追加した原稿量は、元本の半分近くかと思う。

本書の肝(きも)は、エルダーフサルクに追加されていった9文字の意味と解説だろう。この9文字を使った占いに関する情報はまだ少なく、歴史や神話を通した文字の説明はできても、占いの意味を選定するのに苦労した。歴史的な部分を抑えていれば、占いの意味は誰がどう付与しようとある程度は自由なのだが、あまりにも他との統一感がなくなると、読者を混乱させてしまう。そうした中で、既に占いの意味を付与しているルーンカードが国内に出ていることが幸いした。

hosi7（ほしなな）さんの新作、34枚のルーンカードの発売を知ったのは、既に執筆に入った後である。お取り置きを頼み、大人気のデッキを発売直後に入手できた。何度かやり取りしていただくうちに、hosi7さんが、ケルト・ゲルマン文化研究家の吉田深保子(みほこ)さんから直接、各ルーン文字の意味を教わったことを知った。吉田深保子さんは、本書で大いに参考にした『ルーンの教え』（フォーテュナ）の翻訳者である。『ルーンの教え』の訳者あとがきから、吉田さんは多くのルーン占いの洋書に目を通している様子が分かる。すなわち綿密な研究に裏付けされた、信憑性の高い意味なのだ。そのため9文字に関しては、その研究の集大成といえるhosi7さんの小冊子を参考にしつつ、意味を選定させていただいた。もちろん完全な写しではなく、筆者の研究も取り入れているため、若干の違いはある。「本によって、占いの意味が違う」のはどの占術でもあることであり、その場合は読者自身が使いやすそうなもの、納得できるものを選ぶことが大切であると考えている。

本書内でも何度か記載したが、今後は25文字より34文字のルーン占いの方が、主流になっていくのではないかと思っている。34文字のルーンストーンやルーンカードが増えると同時に、34文字を解説する占い本も、今後出てくるはずだ。ルーン占いは人々に飽きられるどころか、まだ発展していく余地があるといえる。ルーン文字は、決して架空の産物ではない。多くの謎を持ちながらも、さまざまな人達の人生に関わりながら、長い歴史を刻み続けた深みを持つ文字である。そこに、誰もがロマンと神秘を感じるのではないだろうか。

今回も、説話社CEO高木利幸さんには大変お世話になった。デザイナーの遠藤亜矢子さんには、本書を美しく仕上げていただいた。こうして中古本すらなくなっていた『ルーン・リーディング』の復刊が実現したことに、心より感謝を申し上げる。そしてもちろん、この本を手にしてくださったあなたにも。どうか本書を通して、少しでも得られることがありますように。そして世界中の全ての人達に、オーディンの加護がありますように。

2024年2月　藤森　緑

参考文献

谷口幸男著、小澤実編（2022）『ルーン文字研究序説』八坂書房
谷口幸男訳（1973）『エッダ—古代北欧歌謡集』新潮社
松谷健二訳（1986年）『エッダ　グレイテルのサガ』筑摩書房
P.コラム著、尾崎義訳（1955）『北欧神話』岩波書店
池上良太著（2007）『図解　北欧神話』新紀元社
タキトゥス著、泉井久之助訳注（1979年）『ゲルマーニア』岩波書店
レイ・ページ著、菅原邦城訳（1996）『ルーン文字』學藝書林
河崎靖著（2017）『ルーン文字の起源』大学書林
エドレッド・トーソン著、吉田深保子訳（2021）『ルーンの教え』フォーテュナ
ラシュ・マーグナル・エーノクセン著、荒川明久訳（2012）
『ルーンの教科書』アルマット
トニー・ウィリス著、松田アフラ訳（1989年）
『ルーン・タロット』魔女の家BOOKS
D.Jクーパー著『ルーン・ストーン占い』二見書房
鏡リュウジ著（1993）『神聖ルーン・タロット占術』学研
香監修（2023）『アングロサクソンルーンカード』FCM合同会社
hosi7（2024）『hosi7　Rune Oracle Cards』hosi7
藤森緑著（2006）『ルーン・リーディング』魔女の家BOOKS
藤森緑著（2015）
『説話社占い選書2 悩み解決のヒントを得られるルーン占い』説話社
ビーバン・クリスチーナ編著（1997）『悪魔の呪法全書』二見書房
無極庵（2022）『バインド・ルーン』無極庵

Ed, Fitch. *The Rites of Odin.*（Llewellyn Publications,1990）
Edred, Thorsson. *FUTHARK.*（Samuel Weiser,Inc,1984）
Edred, Thorsson. *RUNECASTER'S HANDBOOK.*（Red Wheel/Weiser,LLC,1999）
LISA, PESCHEL. *THE RUNES.*
M. A. Madigan &P. M. *Richaeds Witching Stones.*

参照サイト

住友林業の家〈https://sfc.jp/ie/〉2024年1月18日閲覧
The Rune Site〈http://www.therunesite.com/〉2024年1月18日閲覧

Rune Reading Memo

Rune Reading Memo

藤森　緑（ふじもり・みどり）
1992年からプロ活動を開始し、占い館や占いブース、電話鑑定等で約2万人を鑑定。雑誌掲載、イベント出演、占い原稿執筆経験も多数。現在、通信教育講座「キャリカレ」にて、タロット占いの講師を受け持ち、日々質問に回答している。著書は20冊以上。主な著書に『悩み解決のヒントが得られるルーン占い』『実践タロット占い』（共に説話社）がある。
https://www.fortune-room.net/fuji/

ルーンリーディング

～34の魔法のルーン文字を自在に使いこなす方法～

2024年7月23日　初版発行

著　者　藤森 緑
発行者　高木利幸
発行所　株式会社　説話社
〒102-0074　東京都千代田区九段南1-5-6　りそな九段ビル5階
https://www.setsuwa.co.jp
デザイン　遠藤亜矢子
本文イラスト　藤森 緑
印刷・製本　中央精版印刷株式会社

ISBN 978-4-910924-20-5　C2011